JN203141

振り付け・衣装から
身体のつくり方まで

観戦力が高まる！

フィギュアスケート
「美」のツボ

今井 遥

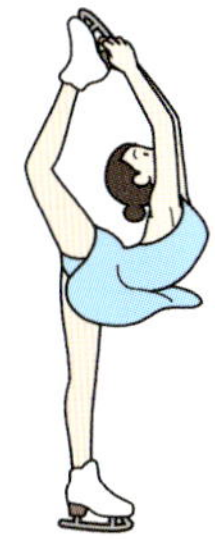

誠文堂新光社

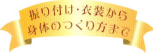

© Akira Sawamoto

2014年の「スケートアメリカ」で、SP（ショートプログラム）「マラゲーニャ」の演技。これまでとは違う、情熱的な表現に挑戦した思い出深いプログラム。

2015年のグランプリシリーズ「スケートアメリカ」で、2シーズン目となったSP「マラゲーニャ」の演技。衣装は先シーズンと印象を変えるために、鮮烈なピンクに。

© Akira Sawamoto

はじめに

フィギュアスケートの競技レベルは、ここ数年、かつてないスピードで進化しました。

　世界の舞台で戦う男子は、これまでは大技だった4回転ジャンプが跳べて当たり前。女子も伊藤みどりさんや浅田真央さんの代名詞だったトリプルアクセルを何人かの選手が成功させ、４回転ジャンプを跳ぶ選手まで現れました。

　ジャンプの難易度が高まると、どうしてもジャンプの成功ばかりが注目されがちです。でも、フィギュアスケートの魅力はやはり、観る人の心に訴えかける「美しさ」。スピンやステップといったほかの技はもちろん、スケーティングやプログラムを表現する力など、すべてにおいて優れた演技をめざす「トータルパッケージ」の大切さが説かれるようになったのは、どんなに高難度のジャンプを決めても「美」をおろそかにしない演技が大切だということだと思います。

　こうした近年の傾向を受けて、２０１８～２０１９年シーズンから採点ルールが大幅に改正されました。加点の幅が7段階から11段階となり、プログラムの要素は、より完成度が高く美しいほど高得点を得られるように

なったのです。これを受け、選手たちはこれまでに自分がやってきたことひとつひとつを見直して、より美しいジャンプ、より美しいスピンをめざして練習を重ねています。

一方で、採点とは切り離して楽しめる「美」がたくさんあるのも、フィギュアスケートの醍醐味です。

プログラムの「振り付け」は、採点に直接結びつかない部分でも「指先の表現がきれいだな」とか「このパートがかっこいい」と感じることがありますよね。また、最近の「衣装」は本当に装飾が繊細で、競技と同じくらい美しく進化しています。観る側も、衣装を入り口にして選手に注目したり、プログラムの世界観がどう表現されているかを読み取って楽しんだりしているのではないでしょうか。また、それぞれの選手が困難を乗り越え、たゆまず努力する姿にも「美しさ」を感じられると思います。

私は2018年3月に引退し、改めてフィギュアスケートの魅力と向き合うようになりました。この本では、こうした「美」という視点に立って、15年間の現役生活を振り返りながら、知られざる競技の舞台裏をお伝えします。フィギュアスケートファンのみなさんの感動がさらに深くなりますように――。

今井 遥

Contents

Part 2

「美」を演出する衣装とヘアメイク……49

Special talk

Part 3

Part 4

メンタルの「美」の磨き方 ……131

©KASAI Keiko/Absolute Skating

スケート人生で最も忘れられない、2013年
全日本選手権のFS（フリースケーティング）
「恋人達の夢」の演技。持ちうる力をすべて
発揮できた試合でした。

Part 1

プログラムを「美しく」演じるために

「美しさ」はフィギュアスケート最大の魅力

みなさんがフィギュアスケートに興味を持ったきっかけは何でしたか？

多くの人が詳しいルールなどの知識を持たず、ただ美しい演技を観て、純粋に心を動かされたのではないでしょうか。私がフィギュアを習い始めたのも、スケートリンクできれいな衣装を着て滑っている選手の姿を目にして、「私もあんなふうになりたい」と思った、シンプルな動機からでした。

選手の立場からすると、大前提としてフィギュアスケートはスポーツです。スポーツでありながら、ただ難しい技をこなすだけでなく、バレエのように音楽に合わせて演じ、人に観てもらうところが競技の魅力であり、特殊さでもあります。

試合では「メダルを獲りたい」「勝ちたい」という気持ちはもちろんあります。でも、選手たちはそれ以前に「ジャンプを美しく跳びたい」「演技を美しく見せたい」といった、理想とする明確な目標を持っています。実力は人それぞれですが、自分の持っている技術を最大限にいかして「美しく演じたい」という気持ちは、どの選手も同じです。また、自分の目標を達成できたときの喜びがあるからこそ、厳しい練習も頑張れるのです。

アジア系スケーターの演技が美しい理由

さて、ここでちょっと歴史を遡ってみたいと思います。かつてフィギュアスケートは欧米選手が中心の競技で、日本人が世界で活躍することは非常に困難でした。ところが伊藤みどりさん以降、日本人を含むアジア系の選手がどんどん台頭していきます。みどりさんの当時の演技を初めて観たときは驚きました。私が現役の頃は、女子が3回転・3回転の連続ジャンプを跳ぶだけで「すごい」と言われる時代。でも、みどりさんはすでに3・3を軽々と跳び、さらにトリプルアクセルも跳んで、しかも驚くほど高い！　私は幼いながらも、その惚れ惚れする高さに見入ってしまいました。

荒川静香さんが2006年のトリノ五輪で金メダルを獲った瞬間は忘れられません。ライバル選手がミスに沈んでいくなかで、ほぼパーフェクトな美しい演技をリアルタイムで観て感動しました。私はそのとき12歳で、強化選手に指定されていないどころか、技術的にもまだ6級（全日本選手権に出場するトップ選手は7級以上を持っています）。世界の舞台で戦うことなどまったく意識していなかった頃です。

そして、心から憧れたのは3歳年上の浅田真央さんでした。プログラムも演技も、すべてが好き。同世代のスケーターはみんな憧れていたと思います。2006〜

２００７年シーズンの「ノクターン」は特に大好きで、ステップを完コピしたほど。また、ダブルアクセルが跳べなかったときに、真央さんのトリプルアクセルの動画を繰り返し見て練習しました。

同時期に頭角を現していたのが、ジャンプの名手、安藤美姫さんです。私のトリプルサルコウは、美姫さんの４回転サルコウを真似して習得したものです。ジャンプ直前のステップを美姫さんと同じように変えて、跳べるようになりました。

こんなふうに、かつて欧米の選手ばかりが活躍していたことが実感できないほど、私がフィギュアを始めてから今まで、常に表彰台に日本人選手の姿がありました。最近では韓国でも、キム・ヨナさんに憧れて育った女子ジュニアが急成長し、スター選手の存在がアジア勢のレベルを大きく引き上げたことを感じています。

アジア系スケーターの強みはジャンプの安定性だと思います。欧米に比べて小柄で細い体格のほうが、回転軸の細い美しいジャンプを跳ぶのに有利なのです。ところが、最近では強豪国ロシアの選手たちが成長期前の身体が細い時期に力をつけて、難易度の高いジャンプに挑むようになってきました。14歳のアレクサンドラ・トゥルソワ選手が複数種類の４回転ジャンプを決め、話題になりました。こうした状況のなかで、日本の選手たちもさらなる努力を重ねています。

フィギュアスケートはこう採点される!

フィギュアスケートのルールはとても細かく、観戦歴の短い方にとってはわかりにくいかもしれません。ここでは、男女シングル競技がどう採点されるのか、基本的なルールについてお伝えします。詳しい方も少しお付き合いください。

フィギュアスケートという競技は、ショートプログラム（SP）とフリースケーティング（FS）の2つの試合から成立します。それぞれ決められたジャンプやスピンといった「演技要素」があり、プログラムはルールを踏まえてつくられます。

各試合の採点は、「技術点（TES＝Technical Element Score)」「演技構成点（PCS＝Program Component Score)」という2つのカテゴリーの合計点になります。テレビ放映の際、画面左上に点数が表示されているのをご覧になっているのではないでしょうか。「技術点」は、ジャンプなどの技を評価した点数、「演技構成点」は、プログラム全体での表現力や滑りの能力を評価した点数です。それぞれの点数には明確な判定基準があり、ジャッジが主観で決めるわけではありません。得点の詳細は、ISU（国際スケート連盟）などの公式サイトで公開されるので、選手の演技がどう採点されたか気になるときは、誰でも詳細を知ることができます。

2018-2019シーズンから
ルールが変わりました！

SPとFSの主な違い

※シニアの男女シングル

ショートプログラム（SP）

◎**演技時間は2分40秒±10秒以内**

◎**3つのジャンプを入れられる**
- 単発で3回転以上のジャンプ
- 3回転＋2回転以上の連続ジャンプ
- 3つのうち1つは2回転以上のアクセルジャンプを入れる

◎**演技後半のジャンプ得点は最後の1本のみが1.1倍になる**

フリースケーティング（FS）

◎**演技時間は4分±10秒以内**

◎**7つのジャンプを入れられる**
- 連続ジャンプは3つまで。そのうち1つは3連続でもよい
- 7つのうち1つは2回転以上のアクセルジャンプを入れる
- 残り6つのジャンプは2種類まで同じ種類のジャンプを2回跳んでもよい。ただし4回転は繰り返せるのは1回まで

◎**演技後半のジャンプ得点は最後の3本のみが1.1倍になる**

採点はこう決まる

ショートプログラム（SP）

技術点（TES）＋演技構成点（PCS）－減点

＋

フリースケーティング（FS）

技術点（TES）＋演技構成点（PCS）－減点

＝

総合得点

「技術点」の「GOE」は美しさの評価である

前の項では「技術点」は、「ジャンプなどの技を評価した点数」と説明しましたが、それらの技を「演技要素」といいます。テレビや専門誌の解説では「エレメンツ」という言葉が用いられることもあります。

演技の美しさを評価するのは「演技構成点」だと思われがちですが、技術点も美しさが得点を左右します。それが「GOE（Grade of Execution）」で、日本では「出来栄え」といわれ、技の「基礎点」にプラスして得点がもらえることを「加点がつく」といった言い方をされます。ジャンプでいえば、「どれだけ美しく跳べたか」ということについての判定です。

GOEはジャッジの主観で決まるわけではなく、ISUが定めた厳密な採点基準に基づいています。

たとえばジャンプの場合、6項目の基準が設けられているので、いくつかわかりやすい例を挙げてみます。

まず、「高さおよび距離が非常に良い」という基準。まさに文章の通りですが、厳密に何cmと決まっているわけではないので、ジャッジの裁量に委ねられる部分です。

私の経験としては、ルール改正前ではありますが、「今のは高く跳べたな」「きれいに流れたな」と感じたときは、しっかり加点がつくという実感がありました。

　次に「踏切および着氷が良い」と「踏切から着氷までの身体の姿勢が非常に良い」。たとえば前者については、踏み切りまで非常に長い時間がかかる選手がいますが、それは評価されません。後者については私の場合、着氷でランディング姿勢が取れたら、０・５～１秒ほどは次の動きに移行せず、美しい姿勢をできるだけキープすることを心がけていました。トップ選手たちは、試合を重ねるうちに、ＧＯＥでどうすれば加点をもらいやすいかという傾向をつかんでいるのです。ただ、ほんのわずかなバランスの乱れが生じるだけで、着氷を美しく流すことはできなくなるので、だからこそ成功したときは高評価がもらえます。

　平昌五輪でみなさんに認知されるようになったのが「ジャンプの前にステップ、予想外または創造的な入り方」ではないでしょうか。羽生結弦選手が加点を狙って取り入れていたのが、イーグル（１８０度開脚した状態で滑る技）やカウンター（片足でＳ字を描くターンの一種）から跳ぶトリプルアクセルです。これは、相当難しい入り方なので、しっかりＧＯＥがつくと思います。

「開始から終了まで無駄な力がまったく無い」という基準は、選手の立場からしても、ややわかりにくい感じがしていました。確かにジャンプは、すごく力んでしまう選手がいるので、無駄な力が入っていない方がきれいに跳ぶことができます。美しいジャンプのためには大切な要素ですが、これで加点がついたという実感は薄かったかもしれません。

それから「要素が音楽に合っている」。曲の中の「ジャン♪」という音に合わせてジャンプを跳ぶ、降りるといった、いわゆる「音ハメ」ができているかどうかということです。技術点にも、このように芸術面を評価する項目があります。

しかしながら、加点があれば減点もあります。さきほどの評価基準に当てはまっていても、転倒すれば基礎点からマイナスとなります。２０１８～２０１９年シーズンのルール改正で、「ＧＯＥ」は「マイナス３～プラス３」の７段階評価だったのが、「マイナス５～プラス５」の11段階に変更されました。そのため、回りきっても転倒してしまうと基礎点から大幅に引かれ、ダメージは大きくなってしまいます。

「演技要素」はジャンプのほかにも、「スピン」「ステップシークエンス」「コレオシークエンス」があります。スピンとステップは、演技の難易度によって「レベル」の判定があり、レベルが高ければ基礎点が高くなり、さらにそれが美しければＧＯＥで加点がつきます。

ＧＯＥがより重視されるようになったルール改正で、選手たちはこれまで以上に「美しく、パーフェクトな演技」をめざし、練習を積み重ねていると思います。

「技術点」を構成する「演技要素」

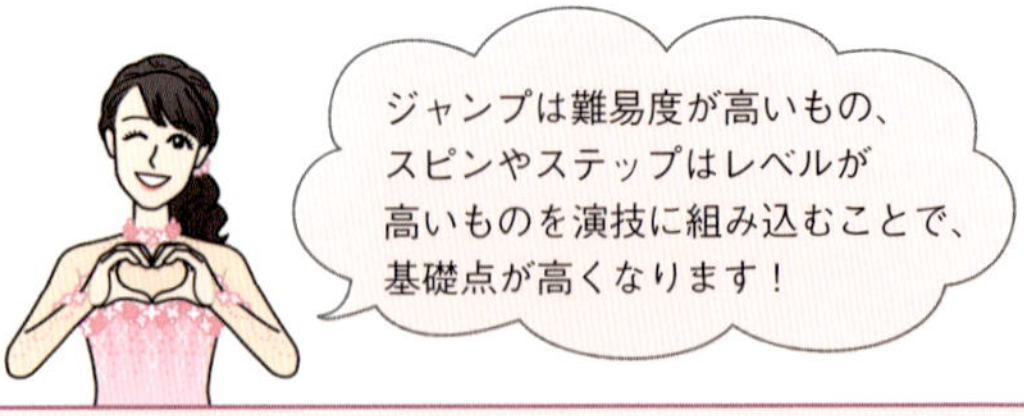
ジャンプは難易度が高いもの、
スピンやステップはレベルが
高いものを演技に組み込むことで、
基礎点が高くなります！

- ジャンプ
- スピン（レベル１～４）
- ステップシークエンス（レベル１～４）
- コレオシークエンス

「技術点」はこう決まる

ジャンプ・スピン・ステップシークエンス・コレオシークエンスの基礎点 ＋ GOE（出来栄え） ＝ 技術点（TES）

- ジャンプ
- スピン
- ステップシークエンス
- コレオシークエンス

の基礎点

＋

GOE（出来栄え）

＝

技術点（TES）

GOEこそが
美しさの
評価です！

「演技構成点」で評価されるプログラムの「芸術性」

テレビで試合が放映されるときに、解説者がよく「表現力」という言葉を用いて、選手の演技の「芸術性」について触れることがあります。フィギュアスケートの試合の得点は、先に説明した「技術点」に加えて、芸術性を採点する「演技構成点（PCS＝Program Component Score）」から成り立っています。

「芸術性」といっても、フィギュアスケートはれっきとしたスポーツです。ジャッジが自分の好みや主観で採点していたら、不公平になってしまいますよね。ですから、演技構成点は、評価する項目ごとに採点基準が明確に定められています。この基準は選手も理解しており、どんな演技をすればジャッジが高い点数を出してくれるのかを考えながら、日々の練習を積み重ねているのです。

演技構成点には、「スケーティング技術」「要素のつなぎ」「演技力」「振り付け」「音楽の解釈」という5つの項目（ファイブコンポーネンツ）があり、ジャッジはそれぞれ10点満点で採点します。ちょっと複雑な話ですが、合計得点には「加重係数」というものがかけられます。これは、技術点とバランスを取るためです。

では、5つの項目について、特にわかりにくい3項目をもうちょっと詳しくお伝え

したいと思います。

「スケーティング技術」については「技術なのに、どうして〝技術点〟じゃないの？」と、不思議に思われる方もいるのではないでしょうか？　これは、「エッジの使い方の技術をいかして、どれだけ芸術性が表現できているか」ということを採点する項目です。たとえば、平昌五輪を終えて引退したパトリック・チャンさんは、スケーティングの評価が非常に高い選手でした。難しいフットワークでスピードを自在に操り、緩急をつけた滑りに秀でていました。また、技術が高いからこそ、スケーティングでも音楽を表現することができます。観る人はそのような技術を「美しい」と感じるのでしょう。

「要素のつなぎ」は、ジャンプやスピンなどの間に入れる演技で、複雑で多様な動作ほど、高く評価されます。たとえば、難しいジャンプの前は助走に長い時間をかける選手が多くいますが、そこにステップやターンを入れることができる選手は「つなぎ」の得点が高くなります。要素がぶつ切れにならず、なめらかにつながることで、プログラム全体の芸術性も高くなるのです。

「演技力」は、みなさんのイメージと最も近いかもしれません。いかにプログラムの世界観を伝える身のこなしや感情表現ができるかといったことが評価されます。ただし、ジャンプの転倒などといったミスがあると、その世界観を伝えきれていないとみ

なされ、点数は低くなってしまうこともあります。

実は、「演技構成点」には、「技術点」と異なる特徴があります。

それは、選手たちそれぞれの実績が、ある程度得点に反映される傾向が見られる点です。最初のうちはなかなか思ったような点数がもらえなかった選手も、頑張って良い結果を積み重ねていくうちに、少しずつ評価が高くなっていくことが多いです。公平ではないかというとそうではなく、それまでの個々の選手が出してきた結果も、わずかながらそのときどきの評価に影響を与えやすい競技だということです。

また、試合では特にフリーの場合、前半グループの選手たちと後半グループの選手たちでは、演技構成点の出方がかなり違います。ショートの点数が伸びずに前半グループの滑走になってしまい、フリーで非常にいい演技をした選手がいたときに、「最終グループに入っていたら10点以上は点数が高く出たかもね」と、選手同士で話すようなこともありました。ソチ五輪の浅田真央さんのフリーの演技がまさにそうだったと思います。逆に、ジュニアからシニアに上がったばかりの実績のない選手でも、ショートで高得点を出してフリーで最終グループに入れば、演技構成点は高く出る可能性が高いです。こういった例を考えても、ショートの演技でミスをしないことは、選手にとってはとても大切なことなのです。

「演技構成点」の5つの項目

1. スケーティング技術
2. 要素のつなぎ
3. 演技力
4. 振り付け
5. 音楽の解釈

5つの視点から
芸術性を
評価します！

「演技構成点」はこう決まる

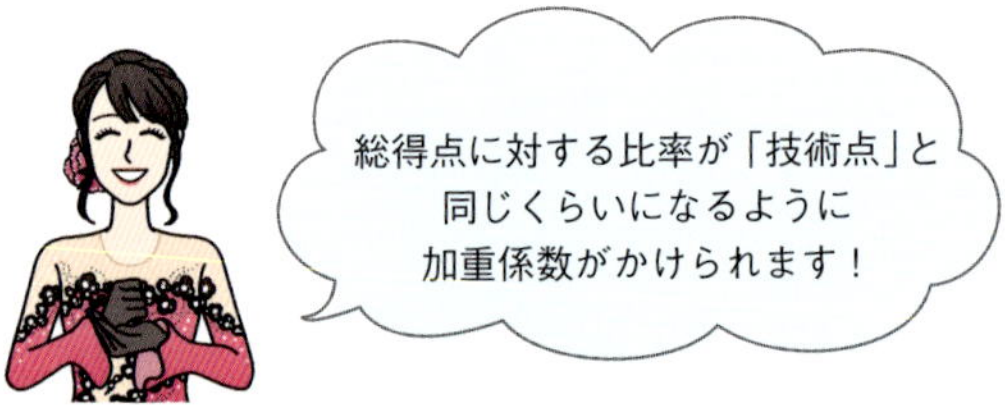
総得点に対する比率が「技術点」と
同じくらいになるように
加重係数がかけられます！

5つの項目の合計得点 × 加重係数（男子 SP×1 ／ FS×2　女子 SP×0.8 ／ FS×1.6）＝ 演技構成点（PCS）

プログラムを盛り上げる〝魅せるテクニック〟

トップ選手たちのプログラムの多くは、大きな拍手で盛り上がるパートがあります。観客を魅了できる選手は、ジャンプ以外にも難しいスピンやステップ、つなぎのテクニックなどを取り入れ、見せ場をつくる力があるのです。

荒川静香さんの技で知られる「イナバウアー」は、一方の脚を曲げて前に出し、もう一方を伸ばして後ろに引き、横に滑るテクニック。そこで上体を反らすのは非常に難しく、最高の見せ場になります。羽生結弦選手もこの技が得意ですが、足をへの字の形にする「ランジの変形」や、エッジを深く倒して低い姿勢で滑る「ハイドロブレーディング」など〝魅せるテクニック〟を多く持っているのがすごいですよね。

私も得意としていた「スプレッドイーグル」は、両脚を伸ばした状態で大きく広げ、つま先を180度開いた状態で滑る技。宇野昌磨選手の「クリムキンイーグル」は、イーグルでありながら、上体を反らして後方に倒すので、なかなかできるスケーターはいません。こうしたテクニックの数々は、演技要素のひとつである「コレオシークエンス」に組み込んだりして、加点を狙うことができます。

魅せるテクニックの数々

アラベスク

片方の脚は腰より高い位置で後方に高く上げ、頭の位置を低い位置でキープするスパイラルの一種。コレオシークエンスの中に組み込むことで得点になります。アラベスクの名手といえば、アメリカのサーシャ・コーエンさん。

ハイドロブレーディング

エッジを深く倒して低い姿勢で滑るテクニック。女子は鈴木明子さん、男子は羽生結弦選手がよく演技に取り入れています。

レイバックイナバウアー

「イナバウアー」は一方の脚を曲げて前に出し、もう一方の脚を伸ばして後ろに引き、横方向に滑るテクニック。上体を反らす（レイバック）のは高難度。荒川静香さんが有名にした技です。

バレエジャンプ

回転するジャンプではなく、空中で大きく開脚して跳ぶバレエのジャンプ。アメリカのジェイソン・ブラウン選手は、柔軟性をいかした美しいバレエジャンプが見事！

キャンドルスピン

ビールマンスピンの変形で、ロシアのユリア・リプニツカヤさんの演技でおなじみに。背中越しに垂直に上げた脚を体に密着させ、本来は靴のブレードを持つ両手で脚をつかみ、スピンします。

ビールマンスピン

両手あるいは片手で靴のブレードを持ち、頭上に持ち上げて回転するスピン。ビールマンといえば、やはり浅田真央さん。きれいな雫型が理想的な形です。

クリムキンイーグル

ロシアのイリヤ・クリムキンさんが初めておこなった、上体を後ろに倒す難しいポジションのイーグル。宇野昌磨選手の得意技で、本当にかっこいい！

スプレッドイーグル

脚を伸ばして大きく広げ、つま先を180°開いた状態で滑る技。私はこのイーグルが得意で、必ず要素のつなぎなどに取り入れて、加点を狙っていました。

スケーターの魅力を引き出す振付師

プログラムの振り付けは、演技の点数に大きく関わってくる重要な要素です。大切なのは、選手の得意なこと・苦手なことをしっかり理解した上で、その良さをいかに引き出すかです。同じステップでも、「この選手には、得意なロッカー（ターンの一種）をつなぎに入れよう」とか「ロッカーは苦手だから、エッジを使えるカウンター（ターンの一種）を入れよう」といったことを考えるのは振付師です。

ただし、あえて苦手なことをやらせようとする振付師もいます。特に、まだ小さな子には苦手なことに挑戦させて練習させることが、レベルアップにつながるという狙いです。きれいな曲でしか踊れない子に、あえてポップな明るい曲をやらせて新しい扉を開かせるというのも、ひとつの方法です。

いずれにしても、このように選手の能力をしっかり見極めた上で振り付けをするからこそ、選手は練習を積み重ねて自分の力を最大限に発揮し、プログラムを美しく滑ることができるのです。ですから、実力のある振付師はとても人気が高く、選手たちは順番待ち状態になることも。選手と振付師がこれまでに組んだことのないタッグだと、新たにどんな化学反応が生まれるのか、注目が集まることも多いですよね。

また、振付師によって、振り付けの進め方も異なります。

大まかには2タイプの振付師がいます。一方は、あらかじめ頭の中で完成させておいた振り付けを選手に教えていくタイプ。そしてもう一方は、曲をかけながらアドリブでどんどん振り付けていくタイプ。半分だけ決めておいてあとはアドリブで……という中間のスタンスの方もいます。ちなみに私が現役時代、ずっとお世話になっていた振付師のおふたりは、見事なほど対照的でした。

アメリカ人のフィリップ・ミルズさんは、完璧に振り付けを考えてきてくださるタイプ。もともとバレエダンサーで、指導の仕方もとても細かいことで知られています。振り付けする選手がスピンやジャンプにかかる秒数までしっかり計って一覧にしてから、振り付けに落とし込むほど厳密です。

一方で、パスカーレ・カメレンゴさんは、その場のひらめきで振り付けしていくタイプ。イタリアの元アイスダンス選手で、髙橋大輔さんや鈴木明子さんの振り付けもしていた、とても豊かな感性の振付師です。でも、パスカーレは根っからのラテン気質だからか、これから振り付けをするというのに、曲すら決まらずに進んでいくこともあったりして……。２０１４年から2シーズン滑ったＳＰ「マラゲーニャ」は、これまでの自分をガラッと変えてくれたプログラム。パスカーレならではの方法で、新しい一面を引き出してくれました。

左は振付師のフィリップ・ミルズさん。2016年にショートで使用する「レジェンド・オブ・フォール／果てしなき想い」の振り付けのために、ロサンゼルスを訪れたときの1枚。

2013年、パスカーレ・カメレンゴさんに初めてFS「恋人達の夢」の振り付けをしてもらったとき。バレエの先生方にもリンクに来ていただき、表現の仕方を指導してもらいました。

振り付けは徹底的に磨いて自分のものにする

選手たちは早い人なら4月には新プログラムをつくり始め、遅い人でも夏前には終わらせます。同じ時期に集中するので振付師は大忙し。振り付けにかける日数はだいたい3～4日です。自分のホームリンクに海外の振付師を呼ぶとなると、決められた日数で振り付けをしていかなければなりません。

私の場合、振付師の先生が活動している海外のリンクに行き、お願いしていました。3日で振り付けを固めたら、あとは細かい部分や不具合を調整し、完成までにかかる時間は全部で1週間くらいでした。リンクの上で覚えて、練習から帰ったら動画を見て復習し、再びリンクの上で滑る。あとは、ひたすら自分のものになるように滑り込んで、磨いていくのみです。

難しいのはシーズンに入ってからの技の調整です。グレードを上げようとすることもあれば、ケガなどが原因でできていたジャンプが跳べなくなった場合、簡単なものに変えることも。そうなると、入り方や跳ぶまでの軌道も変わってくるため、振り付けも調整しなければいけません。

また、練習しているうちに、だんだん自己流になってしまいます。うわべだけの力

強い動きならできても、本当に自分の中から湧いてくるような演技は難しいもの。だからこそ、シーズン中に振付師に再度チェックしてもらうこともあります。私は、毎年秋に開催される「オータムクラシック」と、グランプリシリーズの「スケートアメリカ」の2つの大会の間にデトロイトのリンクに行き、パスカーレ・カメレンゴさんに指導してもらったことがありました。実際にお手本を見せてもらい、その動きに近づけて演技することで、振り付けは見違えるから不思議です。

振付師の力を改めてすごいと思ったのは、初めて自分でエキシビションを振り付けしたとき。それは、自分の引退を飾るためのプログラムでした。

選んだ曲は、歌手のサラ・オレインさんが歌う「Bring The Snow」。サラさんとはアイスショーをきっかけに親しくなり、「いつか遥に滑ってほしいな」と言ってくれていた曲なのです。

競技プログラムは規定された要素を入れ、曲に合わせてつなぎを工夫するなどの大変さがありますが、エキシビションはまったくの自由。本来は楽なはずなのに、自分の振り付けの動きをリアルタイムでは見られないという点で苦労しました。特に、同じ旋律が流れてくると似たような動きになってしまい、かなりの時間をかけて試行錯誤を繰り返しました。同じシーズンにたくさんのプログラムをつくる振付師はどれだけの引き出しを持っているのでしょうか、本当にすごいです！

2014年の「ファンタジー・オン・アイス」。サラ・オレインさんと初めて共演した思い出のアイスショーです。

ⒸAkira Sawamoto

2018年3月、「新潟アサヒアレックスアイスアリーナ」での引退エキシビション。サラさんの歌にのせて滑った現役最後の演技をたくさんのファンの方に見ていただきました。

サラさんのコンサートのときに撮影したツーショット。今でもときどき遊びに行ったり、食事をしたり、親しくさせていただいてます。

プログラムを美しく感じさせる楽曲選び

プログラムに使う曲選びは、ジャンプなどの演技要素を組み込みやすいか、規定された時間に編集しやすいかなど、たくさんの制約があるので、単純に自分が好きな曲を選べばいいというものではないので大変な作業です。

多くの選手は、振付師やコーチとお互いに曲を持ち寄ったり、振付師に何曲か提案してもらって選んだりしています。私の場合は、日頃から音楽のアンテナを張っていて、ラジオから流れてきてふと「いいな」と思った曲を調べてメモしておくようなことも。とはいえ、振付師に希望を伝えて選んでもらった候補曲から、ショートとフリーのイメージがかぶらないようにして決めることが多かったです。

ひとつの判断基準としてまず、「クラシック、またはそれ以外のジャンル」という選択肢があります。クラシックはフィギュアではジャッジも聴き慣れている安定感のある音楽です。私は母がピアノの先生で、自分自身もピアノをやっていたので、親しみもありました。私のFS「恋人達の夢」は、フランスのサン・プルーという作曲家によるピアノ曲なのですが、自分でも弾いてみることで、楽曲の奥に潜んでいる音も聴こえるようになり、身体を動かしやすくなりました。

次に、選手たちの考え方が分かれるであろう「定番曲、またはそれ以外の曲」という選択肢。私はどちらかといえば、「定番曲を避ける派」。歴代の名選手とは少なからず比べられてしまいますし、曲のイメージが強すぎて自分の演技をつくりにくいと思ってしまうからです（私がショートで選んだ「マラゲーニャ」は、今では定番になりましたが、当時はそこまで有名ではありませんでした）。でも、定番曲にはメリットもたくさんあります。ジャッジにも観客にもイメージしてもらいやすいですし、有名な曲は会場の手拍子も大きくなるので、盛り上がれます。

定番曲を選ばなかったとしても、選手同士で同じシーズンに曲がかぶってしまうことがときどきあります。でも、シーズンが始まってみないと、ほかの選手の曲はわからないので、こればかりは避けようがないことなのです。

さて、選曲に関するルールは２０１４～２０１５年シーズンに改正があり、ボーカル入りの曲が解禁となりました。とはいえ、ボーカル入りの曲は編集が難しいのが困りもの。変なところで切ると、歌詞の意味が通じなくなってしまうからです。

年齢を重ねて、引退を意識するようになってきたときには、「最後は王道の定番曲を滑ってもいいかな」という気持ちが自然に湧いてきました。曲は決めていて、「白鳥の湖」を滑ってみたかったのです。残念ながら、この曲を使う機会はなかったのですが、いつかエキシビションなどで演技できたらいいなと思っています。

フィギュアスケートの定番曲

マラゲーニャ

スペインのマラガ地方の舞曲。ハビエル・フェルナンデス選手は、この自国の曲をSPに採用し、2015～2016年、2016～2017年の2シーズン滑り、美しい演技で魅了しました。

オペラ座の怪人

オペラ座の地下に棲む"怪人"と歌姫の悲哀を描いた、フランスの小説が原作。何度も映画化され、ミュージカルにもなっており、フィギュアでも非常に人気の高い曲。無良崇人さんは2014～2015年、2017～2018年の2シーズンにわたり、違う振り付けでFSに用いました。

だったん人の踊り

ロシアの作曲家による歌劇「イーゴリ公」の一場面の曲で、だったん人とはトルコ系の遊牧民族のこと。アメリカのネイサン・チェン選手は2016～2017年、この曲をFSに使い大躍進しました。

アランフェス協奏曲	スペインの作曲家によるギター協奏曲。アランフェスはスペイン南部の古都。哀愁のある旋律は、内戦に苦しんだ歴史から、平和への願いを込めてつくられたといわれています。カナダのパトリック・チャンさんは、2012年の世界選手権をこの曲で優勝しました。
ウエスト・サイド物語	舞台は1950年代のニューヨークの街、ウエスト・サイド。貧困や差別に苦しみ、社会に反発する不良少年たちが争いを繰り広げるなかで、恋に落ちた若い男女の悲劇。2017～2018年シーズン、友野一希選手がFSで演じ大躍進を遂げました。
仮面舞踏会	ある賭博師が、仮面舞踏会で妻の不貞を疑い、激しい嫉妬から殺してしまうという悲劇の物語。旧ソ連の作曲家、ハチャトゥリアンが、戯曲のための劇音楽として作曲。浅田真央さんがバンクーバー五輪のSPで演じ、銀メダルに輝きました。
シェヘラザード	妻に裏切られ、女性不信になった王様に嫁いだシェヘラザード。毎晩、物語を語り聞かせるうちに、王が心を取り戻すという話。伊藤みどりさん、安藤美姫さん、浅田真央さん、韓国のキム・ヨナさん、樋口新葉選手など数々の名選手が滑ってきた人気曲です。

トゥーランドット

イタリアの歌劇で、舞台は中国の北京。王子が冷酷なトゥーランドット姫を愛に目覚めさせ、結ばれる物語。アリア「誰も寝てはならぬ」は数々の名選手が演じメダルを手にしている曲です。2017～2018年シーズンは女子では本田真凜選手、男子では宇野昌磨選手がFSに用いました。

白鳥の湖

チャイコフスキーによるバレエ音楽で、王子と白鳥に変えられてしまった姫の悲恋の物語。平昌五輪で銅メダルに輝いたカナダのケイトリン・オズモンド選手のように、映画「ブラック・スワン」の公開以降は、王子をだます悪魔の娘である黒鳥を演じる選手が増えました。

ムーラン・ルージュ

ミュージカル映画「ムーラン・ルージュ」は、実在するパリのキャバレーを舞台に繰り広げられる、踊り子と若き作家のラブストーリー。アメリカのアシュリー・ワグナー選手は、2014～2015年、2015～2016年、2017～2018年の3シーズン、FSに採用。

蝶々夫人	明治時代の長崎を舞台にしたプッチーニ作のオペラで、没落した藩士の娘である蝶々さんと、日本に赴任してきたアメリカ海軍士官の、一途な恋の物語。歴代の日本代表選手たちに愛された曲で、宮原知子選手は平昌五輪のFSに選び、4位に入賞しました。
火の鳥	ロシアの民話をもとにした、ストラヴィンスキーのバレエ曲。「火の鳥」の不思議な力で、魔王との戦いに勝った王子。王女にかけられた魔法が解け、ふたりは結ばれます。町田樹さんやロシアのアンナ・ポゴリラヤ選手など、男女問わず演じられてきた名曲です。
ブエノスアイレスの四季	アルゼンチンの作曲家、アストル・ピアソラによる4部構成のタンゴ曲。「春」はカザフスタンのデニス・テン選手（2010～2011年SP）、田中刑事選手（2015～2017年SP）、「冬」は髙橋大輔さん（2010～2011年FS）、宮原知子選手（2018～2019年FS）などが採用。
ロミオとジュリエット	数々の舞台や映画で演じられてきた、シェイクスピアの名作。中世イタリアで恋に落ちたロミオとジュリエット。ところが、お互いの一族の争いに翻弄され、悲劇の死を遂げることに……。羽生結弦選手は2012年、この曲で世界選手権に挑み、初の表彰台に。

ダンスも重視する「野辺山合宿」

フィギュアスケートの選手たちは、氷の上だけで演技を磨いているわけではありません。多くの選手たちがフィギュアのほかに、バレエやダンス系のレッスンにも通って表現力を磨くための努力をしています。私も小学5年生頃から引退するまで、バレエのレッスンに通っていました。

ダンスといえば、髙橋大輔さんです。2007~2008年のSP「白鳥の湖 ヒップホップバージョン」を初めて観たときは、驚きました。まさか氷上でヒップホップをこんなにかっこよく踊れるなんて！ このプログラムのために、ニコライ・モロゾフコーチと一緒にニューヨークでヒップホップのレッスンを積んだそうです。

さて、日本のスケーターたちは、まだジュニアに上がる前に、こうした踊りを習うきっかけがあります。

選手たちのインタビューなどで「野辺山合宿」という名前を耳にしたことはありませんか？ 正式名称は「全国有望新人発掘合宿」。日本スケート連盟が小学3年生~中学1年生のスケーターを選抜して集め、長野県の野辺山高原でおこなう合宿です。将来の五輪メダリストを育てようという目的がありますが、1992年からこの合宿

を開催するようになり、日本はフィギュア強豪国になったといわれています。

実はこの合宿では、ダンス系のレッスンがたっぷりあるのです。

バレエはもちろん、ジャズダンスやパントマイムなども教わりました。小さい頃から色々な踊りを経験しているほうが身体も慣れますし、演じるということも日常になると思います。

また、ジャズダンスなどは、なかなか挑戦するきっかけがありませんし、自分には向いていないと思っている子も多いものです。でも、やってみたら「意外と楽しい」「けっこう得意かも」なんて、気づくこともあると思います。

面白かったのは、毎日1～2時間あったリトミックです。

たとえば、片手で三角、もう片方の手で四角を描くような動きをしながら、足はスキップ！　できますか？　難しいですよね⁉　つまり、手と足でリズムを変えた複雑な動きをするわけです。

こうやって楽しみながらリズムを取ることを覚える練習をさせるのですが、成果はしっかり採点されています。その選手に、天性のリズム感のようなものがどれくらい備わっているかということも、スケート連盟の方たちはこんなに早い時期からチェックしているのです。

バレエで磨いた指先の表現

「指先の動きがきれい！」

そんなふうにファンの方に褒めていただくことがあると、とても嬉しいです。

やはりそこは、自分でも一生懸命、美しい演技を観ていただけるように磨いてきた部分。そして、バレエで「手の使い方で踊る」という練習を積んでいなかったら、きっとこんなふうには演技できなかったと思います。

私がバレエを習うようになったのは、コーチと両親のすすめでした。

一般のバレエのレッスンに通っている子たちと一緒のグループに入って、バーレッスンをしたり、ステップをしたり、身体の使い方についても基本からしっかり学びました。

個人レッスンを受けるときだけは、フィギュアスケートのプログラムの振り付けを見ていただき、より美しい動きになるようにアドバイスをもらっていました。また、ときにはバレエの先生にリンクまで来ていただき、氷上での動きまで細かくチェックを受けるようなことも。

正直に言うと、氷上の練習と陸トレだけで手一杯でしたが、頑張ってバレエのレッスンにも通えたのは、バレエの基礎がしっかりできている選手の演技の美しさに心を奪われたからだと思います。

子ども心にも感動したのは、２００４年の四大陸選手権の金メダリストで、今はコーチや解説者として活躍されている太田由希奈さんの演技です。テレビで観ていても伝わる、身体の柔らかさ、そしてしなやかな手の動き。自分がバレエを教わっているからこそわかる、「すべてが美しい！」と感じられる演技だったのです。

また、私がずっと憧れてきた浅田真央さんもバレエを習っていましたし、次々とスターが現れるロシアの女子選手も、バレエのレッスンは必須とのこと。

少し前までは男子でバレエを習っている人はそこまではいませんでしたが、最近ではネイサン・チェン選手のように、バレエの経験がいかされた演技で評価される選手もいます。

恐ろしいほどのスピードでフィギュアスケートという競技は進化し、これからもますますレベルが上がっていくと思います。これからトップをめざす選手にはぜひ、バレエを習うことをすすめたいです。

©KASAI Keiko/Absolute Skating

2015年の全日本選手権、FS「恋人達の夢」の演技。
指先で喜びや悲しみといった感情を表現し、多くの
人に伝えたいという気持ちを込めて滑りました。

海外に拠点を移すことでレベルアップする理由

海外に拠点を移して、力のあるコーチに指導してもらうことで実力を伸ばした日本人選手たちがいます。アメリカでニコライ・モロゾフコーチに師事した安藤美姫さん、カナダでブライアン・オーサーコーチに師事している羽生結弦選手。選手の努力とコーチの指導力が大きかったことは確かですが、果たしてそれだけでしょうか？

私自身も周囲のスケート関係者のすすめで海外に練習環境を移した経験があり、そこで大きなメリットを実感しました。

東京を離れたのは２０１１年。アメリカの「デトロイト・スケーティング・クラブ」に練習拠点を移し、ジェイソン・ダンジェンコーチと佐藤有香コーチに指導してもらうことになりました。

このクラブが最も良かったのは、リンクが3面もあったこと！　しかも、ほぼ一般滑走はなく、練習も少人数です。日本は今やこんなにもフィギュア大国になったというのに、スケートリンクの数は相変わらず少ないままです。中京大学や関西大学などリンクを持っている大学のクラブにでも所属しない限り、貸し切り練習ができるのは一般営業時間外となり、その少ない枠も取り合いです。海外のリンクは氷上練習を必要な量、適した時間帯に定期的におこなえる環境が整っているところが多いのが、大きなメリットです。

そして、海外のクラブでは世界トップクラスの実力を持った各国の選手とチームメイトになれて、刺激を受けることができるのもメリット。私の場合、アメリカのアリッサ・シズニーさんに受けた影響は計り知れません。曲かけ練習で、アリッサは必ず得意のスピンは省略せずに回ります。３６０度、どの方向から撮影しても美しいポジション。回転速度も速いし、軸もまったくぶれません。こんなにも三拍子揃った美しいスピンを毎日、目の前で見ることができたのです。少しでも真似して自分のものにしようと、私は彼女の背中を追いかけました。成果はわりと早く出て、移籍して初めてのシーズンの試合で、レイバックスピンの回転がかなり速くなりました。

そのほかにも、ジェレミー・アボットさん、パトリック・チャンさん、アダム・リッポン選手……。お手本にしたい高い技術の選手と一緒に練習できたことは夢のような経験でした。曲かけ練習のスイッチも、「じゃあ、私が押してあげるよ」なんて、お互いにサポートし合う優しさがあります。また、練習中にジャンプが決まると、リンクにいるみんなが拍手をくれて、すごく励みになったものです。コーチにも本当に親身になってもらいました。一生、忘れられない思い出です。

「デトロイト・スケーティング・クラブ」のチームメイトたちが17歳の誕生日をお祝いしてくれました！ 私の真後ろにいるのがアリッサ。

2012年の全日本選手権の直前に、デトロイトのチームメイトたちが送ってきてくれた写真。心のこもった応援メッセージ「GO HARUKA!」に大感激！

ケガをしたスケーターは美しくなれる!?

フィギュアスケーターにケガはつきものです。

硬い氷の上で転倒するため、多くの選手が脚にはたくさんアザができていますし、捻挫や打撲も多いです。ハードな練習の積み重ねで疲労骨折をしてしまう選手も少なくありません。

私も疲労骨折を含め、ケガには苦しみました。フリップやルッツでトウを突いてジャンプすることで、甲を傷めてしまうことが多かったのですが、同じ悩みを持っている選手はたくさんいました。ケガとまではいかなくても、誰もが何かしらの痛みを抱えながら練習を重ねています。

髙橋大輔さんはバンクーバー五輪の前シーズンに前十字靭帯損傷、羽生結弦選手は、平昌五輪にかかるシーズン中に右足関節外側靭帯損傷という大ケガを負ったにもかかわらず、ふたりとも五輪の表彰台に立ちました。宮原知子《さとこ》選手は、左股関節を疲労骨折しましたが、翌シーズンの平昌五輪では見事に4位入賞。逆境を乗り越えて、なぜこのような好成績を上げられたのでしょうか? 私は、「ケガに負けなかったスケーターは美しくなれる」からではないかと思っています。

ケガをすると、まずジャンプができなくなります。ジャンプが練習のなかで占める割合は高いので、その時間をほかの練習に充てることになります。そうなると、普段少なくなりがちなスケーティングの練習や筋力トレーニングができます。私自身、ケガをしたあと、表現力がずいぶん向上したという経験があります。

また、他の競技のアスリートから刺激を受けるいい機会にも恵まれます。強化指定されている選手がケガをすると、国内のトップで活躍する競技者のための施設である「味の素ナショナルトレーニングセンター」でリハビリや筋力トレーニングが受けられます。ここでは、強化選手は年に一回、健康診断や体力測定も受けています。リハビリというと気が滅入ってしまいそうですが、違う競技のアスリートたちの頑張りに刺激を受けられる機会はなかなかありません。

私が親しくさせていただき、最も刺激を受けたのは、新体操の畠山愛理《あいり》さんでした。畠山さんはもともとの顔立ちもスタイルも本当にきれいですが、その上、努力も怠らないアスリート。ロシアのユリア・リプニツカヤさん並みに身体の柔軟性が高く、それがまた演技の美しさを際立たせていました。この場所で彼女に会うと「私もケガを治して、美しい演技をしたい」という気持ちを奮い立たせることができました。

ケガのマイナスをプラスに変えるためには、強い気持ちが必要です。それができたときに、選手たちはより輝きを増すことができるのだと思います。

©KASAI Keiko/Absolute Skating

エキシビションナンバー「ウィキッド」では、演技の終わりにステッキから花を咲かせるというマジックに挑戦！　2014年の「ドリーム・オン・アイス」にて。

Part 2

「美」を演出する衣装とヘアメイク

衣装は「自信」というパワーをくれるもの

ほとんどのフィギュアスケート選手は幼い頃から競技に取り組んできますが、衣装の大切さに気づくのは思春期にさしかかるあたりかもしれません。

私もそうでした。中学3年生くらいまでは、成長期前で今よりずっと痩せていて、「本当にフィギュアをやっているの？」と言われるような、アスリートらしからぬ華奢な体型でした。

クラスではいつも、背の順に並ぶと一番前か二番目。中1になっても150㎝にさえ届かず、体重もずっと30㎏台だったのが、中2になったときに成長期を迎え、背が一気に10㎝ほど伸びたのです。全日本ジュニアで優勝したのは中3のときでしたが、そのときはまだ、かなりほっそりしていたと思います。

体型変化の洗礼を受けたのはそのあと。高校生になってから体重が増え始め、見た目にも少しふっくらしてきた私は、だんだん恐る恐る体重計に乗るようになっていました。身長の伸び始めはほとんど体重が変わらなかったのですが、その後は伸びた分だけしっかり増えていったのです。

当時はジュニアの戦いの真っ最中。同世代の選手には1学年下の村上佳菜子さん、

中学3年生のときの私。2008年の全日本フィギュアスケートジュニア選手権で初優勝を飾りました。2位は鈴木真梨さん(左)、3位は村上佳菜子さん(右)。

2学年下の藤澤亮子さんがいました。

あるとき、共に表彰台に立ったふたりと自分を見比べてしまうことがありました。少し年下の佳菜子ちゃんや亮子ちゃんは、まだ成長期を迎える前だったので、ふたりともすごく痩せていました。子どもの体型から大人の女性の体型に変わっていくなかで、「なんとかしないと」と考えるようになりました。

でも、それがよかったのかもしれません。体型変化を経ることで、衣装と真剣に向き合うようになったのです。

それまでは何を着ても特に悩むことなく、色や形なども「かわいければいい」というくらいで、細かいところまで気にしていませんでした。でも、体型が変わると、着る衣装によって、太ってやぼったく見えたり、逆に引き締まってすっきりして見えたりすることに気づきました。

デザインの重要性に目覚めた私は、どうすれば身体がきれいに、すっきりして見えるのかを考えるようになり、衣装への向き合い方がガラッと変わりました。

色に関していえば、身体が引き締まって細く見える色は、できるだけ濃い色。そのなかでも、黒は最強だと思います。

私が試合で着た衣装の中で、黒い衣装は3種類。そのなかでも、2014年から2シーズンにわたって滑ったSP（ショートプログラム）「マラゲーニャ」は、強い力

のある衣装でした。

真っ白いリンクの上で、気持ちまで引き締めてくれる黒。それに加えて、視覚的な細さを生み出す胸元のデザイン、手をより長く見せてくれるフレアになった袖口と手袋。全体のボリュームを抑えながらも、裾がややフレアになったスカートは、脚も細く見せてくれました。

どんなに衣装に凝ったとしても、直接的には演技の点数は変わりません。でも、プログラムに合った衣装が、その世界観を伝える助けになりますし、何よりも選手たちはみんな気持ちを込めて演技をすることができるのです。

選手の魅力を高めてくれる衣装は、ときに自分を守ってくれる鎧のようなもの。そして、さらに演技に必要な「自信」というパワーをくれるものなのです。

2014～2016年シーズンのSP「マラゲーニャ」。黒と赤を効果的に組み合わせた衣装は、スペインのフラメンコ音楽の世界観にふさわしく、自分の新しい魅力を引き出してくれました。

©KASAI Keiko/Absolute Skating

2012～2013年シーズンのSP「シャレード」の衣装は、首からウエストにかけてのラインがポイント。身体をすっきりと引き締めて見せてくれるデザイン。

©Akira Sawamoto

スカートは理想を求めてミリ単位で調整する

女子スケーターが衣装のデザインで最も重視するのは、スカートかもしれません。とにもかくにも、スカート丈は最重要問題！

短いほうがウエストの位置が高く見えるので、脚は長く見えます。でも、筋肉の付いた太ももは、そのぶんあらわになってしまいます。スカートは短くしたいけれど、脚の太さはできるだけ隠したい。もちろん、プログラムを表現するデザインを損なわないことも大切だし……。そんなふうに葛藤しながら、衣装デザイナーさんと一緒にミリ単位という細かさで、ベストな丈を探って調整していきます。

女子スケーターにとって、脚が細く見えるかどうかは、本当に悩ましい問題。スリムな選手でも、トレーニングを積んで鍛え抜かれた脚には、しっかり筋肉が付いています。しかも、フィギュアスケートで太くなりやすいのはふくらはぎではなく、太ももの部分。氷上の動きというのは、特に外ももの部分に負荷がかかるものばかりなんです。

リンクの上ではまず、ただ立っているということはほとんどありません。中腰だったり、膝を曲げている姿勢だったり、いつも外ももの筋肉を使っています。また、ス

脚がきれいに見えるスカートの形

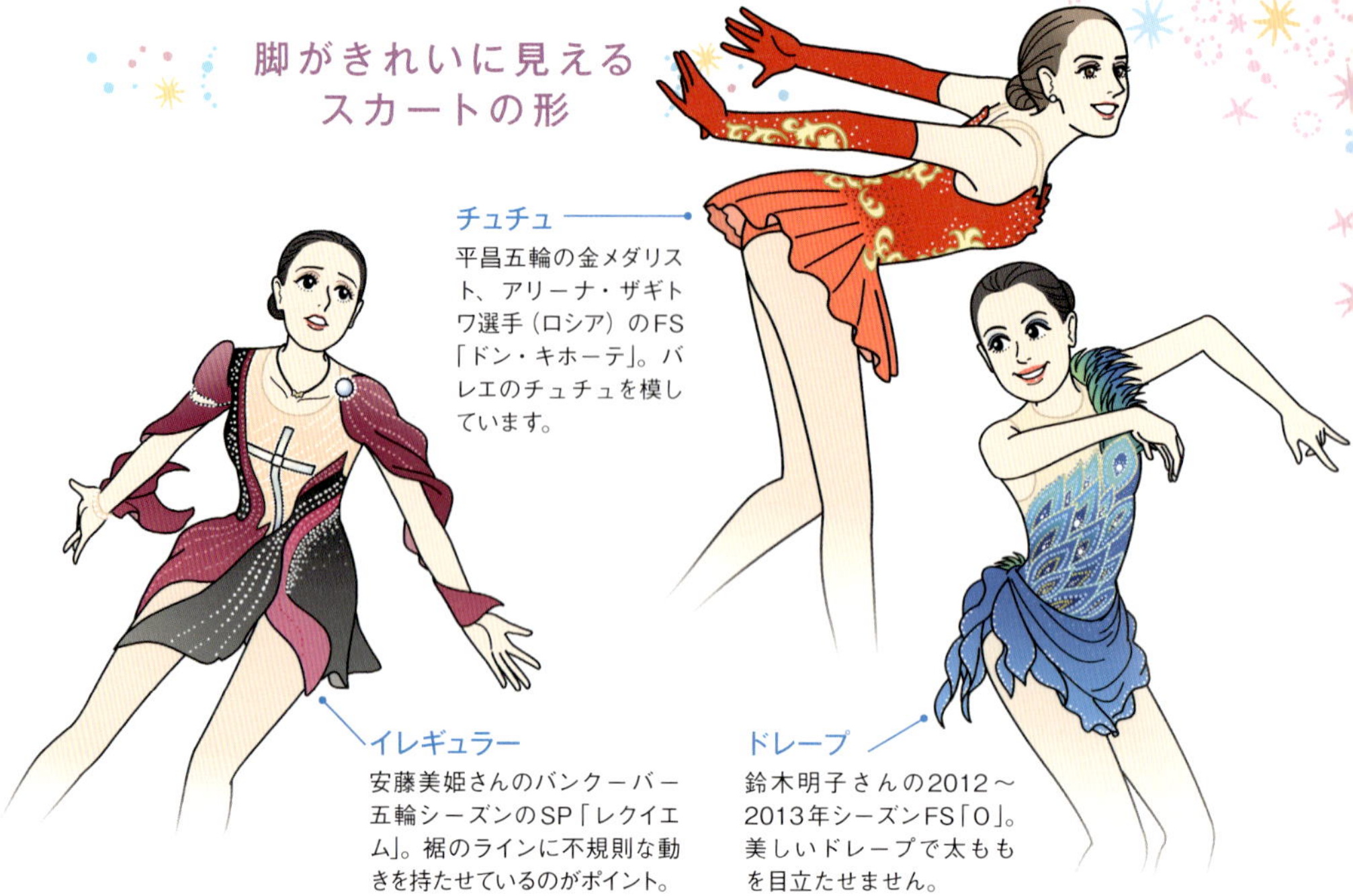

チュチュ
平昌五輪の金メダリスト、アリーナ・ザギトワ選手（ロシア）のFS「ドン・キホーテ」。バレエのチュチュを模しています。

イレギュラー
安藤美姫さんのバンクーバー五輪シーズンのSP「レクイエム」。裾のラインに不規則な動きを持たせているのがポイント。

ドレープ
鈴木明子さんの2012～2013年シーズンFS「O」。美しいドレープで太ももを目立たせません。

ピンのなかでもしゃがんだ姿勢を保ち続けるシットスピンは、ものすごく外ももが鍛えられます。さらに、陸上のトレーニングでも、氷上で鍛えにくいお尻の筋肉やハムストリングスを使えるような筋トレの指導を受けます。なので、練習後に太ももを触ると、たいてい「張ってるなぁ」と感じます。

こうして、スケーターの太ももはすくすくと育ち、難しいポジションをキープし、激しいジャンプの衝撃にも耐え得る下半身が出来上がります。男子は女子よりもさらに筋肉が付きやすいので、太ももに加えてお尻までがっちりしている選手が多いかと思います。

スカートは長さだけでなく、デザインによってもずいぶん脚の見え方が変わり

アシンメトリー
宮原知子選手の2015〜2016年シーズンSP「ファイヤー・ダンス」。片方の脚を露出することで、脚をきれいに見せています。
超ショート
カロリーナ・コストナー選手（イタリア）が平昌五輪で演技したFS「ボレロ」。元々の脚の長さがより際立って美しい！
タイト
樋口新葉選手の2017〜2018年シーズンのSP「007」。ウエストから脚にかけてすっきりと見えるデザイン。

ますし、それぞれの選手の好みやこだわりも見えてきます。

私の場合は、ウエストからお尻にかけてはボリュームを抑えるようにし、裾の部分はフレアにしてふわっとボリュームを出すことで、太ももが細く見えるようなデザインをよく取り入れていました。また、前の丈は短く、お尻をカバーする後ろの丈はやや長めに仕上げてもらっていました。

日本の現役選手では、小柄な体格が特徴的な宮原知子選手の衣装は、リンクで存在感を際立たせ、手脚が長く見えるように、様々な工夫が凝らされているなと感じます。スカートがアシンメトリーになっている２０１５〜２０１６年のSP「ファイヤー・ダンス」の衣装は、片方の太ももはしっかり隠して、片方は大胆に露出することで、背の低さをカバーして脚の長さを強調できるデザインになっていました。２０１８年の世界選手権で銀メダルを獲得した樋口新葉《わかば》選手も身長１５０㎝ちょっと。ＦＳ（フリースケーティング）「００７ スカイフォール」は、映画の雰囲気をよく表しているタイトな形のスカートで、脚をすっきり長く見せていました。

引退した選手の衣装で印象深かったのは、鈴木明子さんのＦＳ「Ｏ《オー》」と、安藤美姫さんのＳＰ「レクイエム」です。「Ｏ」はシルク・ドゥ・ソレイユの楽曲らしい凝った装飾で、スカートに寄せたドレープが特徴。「レクイエム」はスカートの形が複雑なデザインで、裾の長さがイレギュラー。いずれも脚とスカートの裾の境界線がはっきりしていないという共通点があり、太ももの筋肉が目立ちません。

海外の現役選手では、なんといってもイタリアのカロリーナ・コストナー選手。身長が１７０㎝近くあってスタイルが抜群にいいので、スカート丈は超ショート。もともとの強みである手脚の長さを強調することで美しく見せているのが印象的でした。ロシアのアリーナ・ザギトワ選手は、平昌五輪でショート、フリーの両方でバレエのチュチュを模した衣装を着ていましたが、外側に大きく広がっているスカートは、脚をすっきり細く見せる効果があります。

衣装をチェックするときは、ぜひ工夫が凝らされたスカートにも着目してください。

絶大な引き締め効果を生む「Vライン」

衣装のデザインを決めるときにいつも意識していたことがあります。

それは「Vライン」のもたらす視覚的効果です。

私の衣装の場合、スカートと胴の身ごろに切り替え部分があるデザインのときは、やや浅めの「V」の形状にしてもらっていました。本当にちょっとしたことなのですが、ウエストが引き締まり、身体のラインが細く美しく見えるから不思議です。


胸元のVラインも、引き締め効果があります。

前出の私のSP「マラゲーニャ」（2～3ページの写真）の衣装は、胸の部分にかなり深めのVラインの開きがデザインされています。この衣装は黒とピンクのバリエーションがあり、いずれもしっかりと濃い色だったので、Vラインが身体の動きをよりメリハリのあるものに見せてくれました。また、胸元にしっかり開きをつくっておくと、横向きの角度からも細く見せる効果があります。演技中は正面からだけでなく、様々な角度から見られるので、そうしたことも考えて衣装はデザインされているのです。

©KASAI Keiko/Absolute Skating

2016 ～ 2017シーズンのSP「レジェンド・オブ・フォール／果てしなき想い」の衣装。スカートと胴の切り替えが「Vライン」になっています

ロシアで活躍しているエリザベータ・トゥクタミシェワ選手の衣装は、このVライン効果を最大限に活用したわかりやすい例です。体型変化後は、ふわっとしたシースルーの生地で上半身を覆い、身体のラインをはっきり見せない個性的なデザインの衣装をよく着ていました。普通なら太って見えかねないシルエットですが、胸元に深くアシンメトリーのVラインを入れることで、すっきりと引き締めて見せることに成功していました。同じくアシンメトリーのVラインを採用していたのは、ロシアのエフゲニー・プルシェンコさん。早くから衣装の効果を意識していたのでしょう。

胸元に空きがない場合も、様々なやり方でVラインをつくることで、細く引き締めることができます。アメリカの長洲未来選手は、平昌五輪のFS「夜想曲第20番」で胸元と首・袖の生地をVラインで大胆に切り替え、装飾することで視覚的な効果を狙っていました。田中刑事選手の平昌五輪シーズンFS「フェデリコ・フェリーニメドレー」の衣装は、ジャケットの黒い襟でVラインをつくり、両サイドにも黒を配して、ウエストを細く見せていました。もともとすらっとしている体型がよりシャープに見える、素敵な衣装だったと思います。

「引き締め効果」のVライン

田中刑事選手が平昌五輪で滑ったFS「フェデリコ・フェリーニメドレー」の衣装は、ジャケットに工夫あり。黒い襟のVラインで引き締め、両サイドの黒で、ウエストラインもすっきりと見せています。

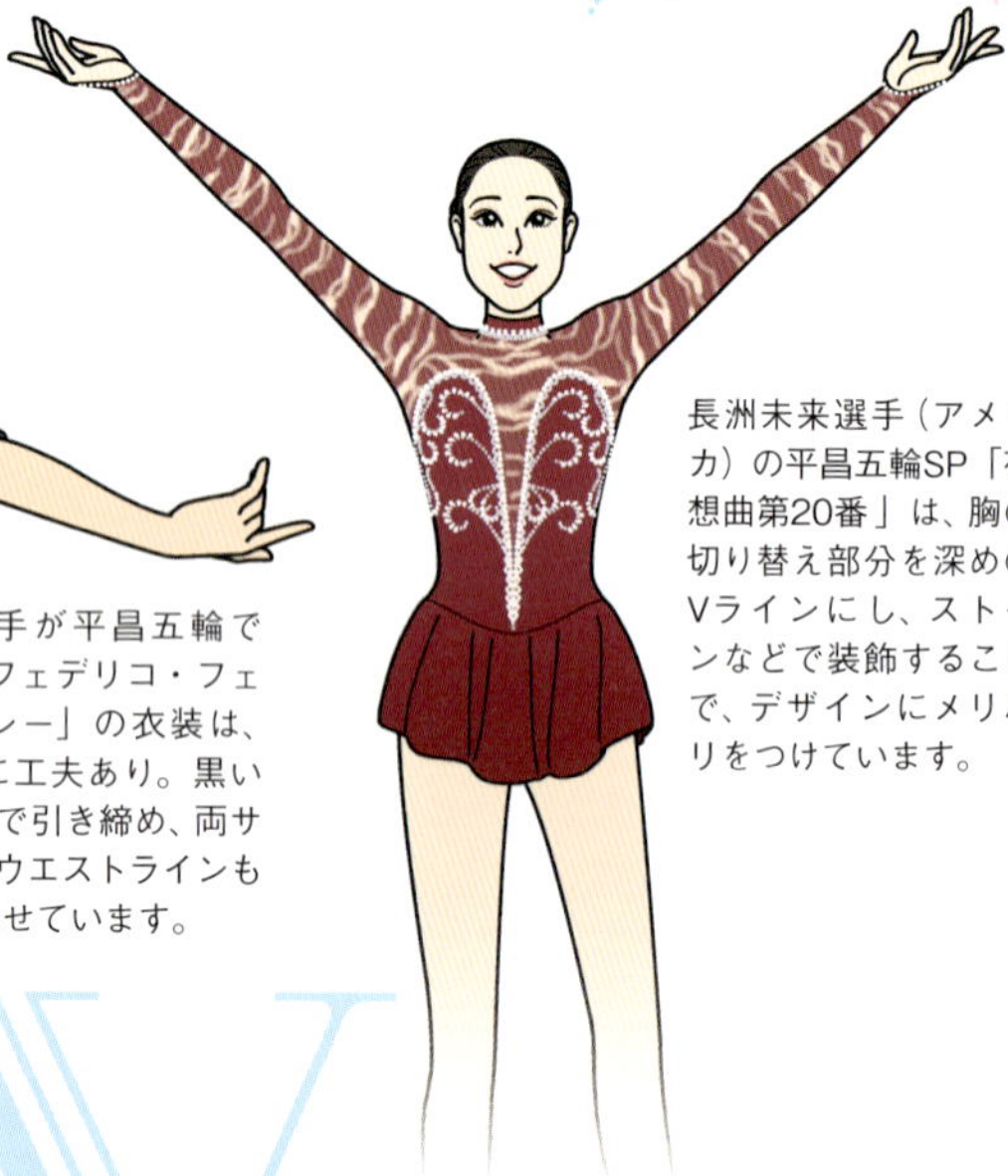

長洲未来選手（アメリカ）の平昌五輪SP「夜想曲第20番」は、胸の切り替え部分を深めのVラインにし、ストーンなどで装飾することで、デザインにメリハリをつけています。

エフゲニー・プルシェンコさん（ロシア）がソチ五輪で演技したSP「ロクサーヌのタンゴ」の衣装。もともとのスタイルの良さをVラインでさらに引き立てています。

エリザベータ・トゥクタミシェワ選手（ロシア）の2014〜2015年シーズンの衣装は、SP・FS共にふわっとした羽衣をまとっているかのような、着こなしの難しいデザイン。胸のVラインは引き締め効果絶大！

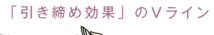

身体を細く長く見せる、流れるような「Sライン」

女子スケーターの衣装は色もデザインも華やか。一方で、男子は無地でシンプル、ラインストーンも一切なし……というスケーターもけっこういます。

そんななかで釘付けになったのが、アメリカのジョニー・ウィアーさんの衣装でした。女子の衣装に負けず劣らず、ラインストーンやビーズの配置がとても繊細で、際立って美しかったのです。また、そういった装飾をできるだけ上の部分に配置して見る人の視線を上げることで、もともとのスタイルの良さをさらに引き立たせるという狙いもあったのかと思います。

そしていつも感じていたのは、「流れるような衣装」だということ。代表作ともいえるトリノ五輪のSP「白鳥」の衣装は、みなさんの記憶にも強く残っているのではないでしょうか。リンクの湖に浮かぶ一羽の白鳥を思わせるような、個性的なアシンメトリーのデザイン。左上から右下に鳥の羽を一枚一枚重ねるような装飾で「Sライン」を描くことで、身体を細く長くスラッと見せていました。

その遺伝子を受け継いでいると思えるのが、羽生結弦選手です。シニアデビューした2010～2011年シーズン、FS「ツィゴイネルワイゼン」の衣装デザインを

彼に依頼した話はよく知られていますよね。２０１１～２０１２年シーズンのＳＰ「悲愴」は、本当に素敵な衣装です。右上から左下へ、流れるような「Ｓライン」を描いていて、正面からだけでなく、様々な角度から身体を美しく見せてくれます。羽生選手のすごさは、技術的に優れているだけでなく、こうやって自分の長所をさらに良く見せるセンスも持ち合わせているところだなと感じます。

町田樹《たつき》さんはソチ五輪の団体戦と個人戦に出場しましたが、ＦＳ「火の鳥」をそれぞれ違う衣装で楽しませてくれました。個人戦で着たデザインは、まさにＳラインの装飾。アシンメトリーに配置した火の鳥の羽根がとても印象的で、観る人の心を捉えて、演技を大きく見せてくれていたのではないでしょうか。

女子の衣装にも、この「Ｓライン」は様々な形で採用されています。村上佳菜子さんのソチ五輪シーズンのＳＰ「バイオリン・ミューズ」の衣装は、まさにバイオリンのフォルムのような曲線が印象に残っています。２０１７～２０１８年シーズンの三原舞依選手のＦＳ「ガブリエルのオーボエ」も、爽やかなブルーのグラデーションで、水が流れるようなラインが美しい衣装でした。

選手の衣装には、デザインの力を最大限にいかし、より演技を美しく見せたいと思う気持ちが込められているのです。

Sラインで身体を「細く、長く」

アメリカのジョニー・ウィアーさんは大好きなスケーター。代表作ともいえるトリノ五輪のSP「白鳥」は、当時とても斬新な印象を受けました。

村上佳菜子さんのソチ五輪のSP「バイオリン・ミューズ」。衣装は、まさにバイオリンのフォルムのような曲線美。

三原舞依選手の2017～2018年シーズンのFS「ガブリエルのオーボエ」。流れるようなデザインで、身体をすっきりと引き締め、動きのしなやかさを引き立てます。

町田樹さんのソチ五輪FS「火の鳥」。上から下に流れるような装飾は大きな翼のようにも見え、演技をよりダイナミックに見せる衣装でした。

衣装がきっかけで解決できた肩幅の悩み

体型についての悩みがないスケーターなんて、ほとんどいないのではないでしょうか。しかも、男女共に、ジュニアからシニアに移行する時期に身長が伸びますし、思春期ならではの悩みも出てきます。

私の場合は、成長期を経たあとにも、高校3年生から2年間、アメリカのデトロイトに拠点を移した時期に、少し体重が増えました。気をつけていたとはいえ、アメリカに行ってから食生活が変わったことが大きかったと思います。19歳で帰国してからは、栄養士さんのアドバイスに従って食生活を再び見直して身体を絞り、ようやくシニアのスケーターとしての体型が安定してきました。

体型が落ち着いてくると同時に、だんだん気にするようになったのが、肩幅の広さでした。顔立ちが細く、首もわりと長いほうなので、バランス的に肩がしっかりして見えやすいのです。

といっても、トレーニングのせいで肩幅が広くなったわけではありません。フィギュアスケートは、筋肉が付きすぎると体重が増える分、跳びにくくなるといわれていて、例えば腕は筋トレをしないという選手もいるほどです。ただ、ジャンプをすると

きに、両腕をきれいに動かして速く曲げるという動作は重要になるので、私はチューブを使って上腕二頭筋を引き締めるようなトレーニングはしていました。

衣装で初めて自分の肩幅の悩みと向き合ったのは、２０１４~２０１５年シーズンのＦＳ「ジゼル」のプログラム。

主人公は、身分の異なる貴族の男性に恋をしてしまった村娘のジゼル。バレエの舞台で演じられるときの衣装は、愛らしいパフスリーブです。衣装デザイナーさんが王道のイメージを大切にして試作してくださったのですが、実際に着てみるとなんだかイメージと違う!? まったく似合わない！ 膨らんだ袖のせいで、可憐なはずのジゼルが大柄に見えてしまうのです。そこで、両肩は出すことにして、両腕にパフスリーブを連想させるような白いフリルを付けてもらったところ、すっきりとした印象になりました。

それ以来、衣装はできるだけ肩を出すことにして、大きな装飾を付けないようにしました。

ちなみに、私服を選ぶときにチェックするポイントも変わりました。袖が大きく広がっているものや、肩にボリュームのあるフリルが付いている服は避けるように。衣装について真剣に考えることで、自分の弱点をカバーするコツがわかるようになったのです。

©KASAI Keiko/Absolute Skating

2014～2015年シーズンのFS「ジゼル」の衣装。村娘らしさを出すために、両腕に袖に見えるようなフリルを付けてもらいました。

肌であって肌でない、衣装の「肌色の部分」

フィギュアスケートファンの間では、衣装の肌色の部分が「肌襦袢」と呼ばれていると聞いて、面白いなと思いました。スケーターは「肌色の部分」「肌色の布」、あるいは「肌色のパワーネット」「肌色のストレッチチュール」などと、生地の名前で呼びますが、何か特別な名称があるわけではないのです。

ご存じの通り、フィギュアスケートは競技である以上、衣装は品位を保つことが大切で、過度な露出をしてはいけないというルールがあります。男子選手の衣装はノースリーブが禁じられていて、ルール違反となります。また、しっかり肌色の布で覆われていても、裸体を連想させるような衣装はＮＧで、実際にそれで減点された選手もいます。

このルールは、１９８４年のサラエボ五輪、１９８８年のカルガリー五輪で金メダルを獲得したカタリナ・ヴィットさん（旧東ドイツ）の衣装が問題となり、つくられたとのこと。頭に羽根や帽子を着けたり、スカート部分の露出が多かったりしたことが物議を醸したようです。

さて、観客のみなさんからは肌のように見える部分も、私たちスケーターの立場からすれば肌ではなく、衣装の布という感覚で捉えています。メッシュ素材で透けているように見えても、裏に薄く布地を貼ることも多いのです。実は私はとても寒がりなので、肌色の布は欠かせません。メッシュの布が一枚あるだけで、寒さはかなりやわらぎます。軽くて縦横に伸縮性があるので、動きも邪魔しません。しかも、スケーターは練習でよく転倒するので、肘や膝にアザができます。これはもうスケーターの宿命。肌色の布は、それを隠してくれるという利点もあるのです。ちなみに、ジャンプの転倒はある程度予測できるのでうまく転べるのですが、ステップの最中などで不意に転ぶときの痛さといったら、相当なものです。

　また、肩ひもが付いているようなデザインは、演技中にひもがずれてしまいがちで、心配です。でも、肌色の生地に縫い付けられていれば、ずれることはありません。

　難点は自分の肌に合う色があるとは限らないということです。また、シーズンに入って身体が絞られるとゆるくなってくるので、途中で衣装デザイナーさんに調整してもらうことも。ちなみに、私は二の腕が締め付けられる感触が好きではないので、肌色の袖部分にはゆとりをもって仕立ててもらっていました。あるとき、自分では気づいていなかったのですが、あまりにゆったりしていて生地にシワが寄っていたときには、安藤美姫さんが「ちょっとゆるすぎるんじゃない？」と声をかけてくれて、美しいラインになるように再度直したこともありました。

オリンピックブルー！　衣装に願掛けする選手たち

ベストな演技のために最大限に努力を尽くしたら、あとは本番で練習通りの実力を出せるように、運を天に任せるのみ。とはいえ、勝利の女神が自分に微笑んでくれるようにできる限りのことをして、この〝運〟を良くしたいと考える選手たちは多いものです。

試合のときにパワーストーンやお守りとしてのアクセサリーを身に着けている選手はたくさんいますし、自分のラッキーカラーを決めていて、衣装に取り入れている選手の話もよく聞きます。確かに、抽選でベストな滑走順を引けるか、氷上で演技中にエッジが溝に引っかかったりしないかなど、試合が運に左右されることは少なくありません。

フィギュアファンの方なら、「オリンピックの女子シングルは、ブルーの衣装を着た選手が優勝する」というジンクスを知っているのではないでしょうか。

１９９８年の長野五輪ではタラ・リピンスキーさん（アメリカ）、２００６年のトリノ五輪では荒川静香さん、２０１０年のバンクーバー五輪ではキム・ヨナさん（韓国）が、青い衣装で金メダルを獲得しました。ところが、２０１４年のソチ五輪では、

アデリナ・ソトニコワ選手（ロシア）はグレーの衣装で金メダルに輝き、このジンクスは破られたのです。ソチ五輪では、日本の浅田真央さん、村上佳菜子さん、ユリア・リプニツカヤさん（ロシア）やグレイシー・ゴールド選手（アメリカ）など、実力のある選手たちが青い衣装を着ていました。日本の選手たちにとっては、荒川静香さんの金メダルの印象は強かったようです。ニコライ・モロゾフコーチが、「青い衣装の選手が金メダルを獲得している」と助言して衣装を変え、大舞台でほぼミスのない演技をし、世界の頂点に立ったのですから。

　実は、私もソチ五輪シーズンのＦＳ「恋人達の夢」の衣装はブルーだったので、このジンクスを意識して選んだのか聞かれることがよくありました。ところが、私はスケーターとしては珍しく、縁起を担いだり、ジンクスを信じたりしないタイプです。水が流れるようなイメージの曲調なので、振付師のパスカーレ・カメレンゴさんから「水色の衣装にしよう」と提案があり、衣装デザイナーさんにお任せしたのです。逆に、そこまでブルーが意識されていることに、驚きました。

　私は試合では練習してきた自分を信じたいと思い、お守りは買いませんし、特別なアクセサリーも着けませんでした。ですが、ファンの方からプレゼントしていただいたお守りは大切に持っていました。応援してくださる気持ちはどんな形でも大きな力になっていました！

ブルーの衣装を着た選手たち

アメリカのタラ・リピンスキーさんは、史上最年少となる15歳8か月で、長野五輪の金メダリストに。FS「レインボー」は濃いブルーの衣装で挑み、見事に栄光をつかみました。

ソチ五輪で浅田真央さんがFS「ピアノ協奏曲第2番」のために選んだブルーの衣装。惜しくも金メダルは逃しましたが、女子史上初となる全6種類、計8回の3回転ジャンプを着氷し、歴史に残る名演技に。

バンクーバー五輪で金メダルを獲得した、韓国のキム・ヨナさん。FS「へ調の協奏曲」では、シンプルなブルーの衣装。ソチ五輪に出場した際は、青い衣装を選ばなかったことも話題に。

トリノ五輪に出場した荒川静香さんは淡いブルーと濃いブルー、2色を組み合わせた衣装を選択。FS「トゥーランドット」で圧巻の演技を披露し、日本フィギュア界に初めて五輪の金メダルをもたらしました。

衣装にはトラブルがつきもの!?

フィギュアスケートの衣装は、ハードな動きに耐えられるようにつくられていますが、それでもやはりとても繊細です。ここだけの話、着脱を繰り返す間に「ビリッ」という音を何度も聞きました。見た目では破れてはいないのですが、きっとどこかにダメージがあったに違いありません。ごくわずかなほつれは自分で縫い合わせることもありますが、難しい場合は衣装の方にお願いして修繕してもらいます。

ただ、演技中のトラブルは、選手たちにとって死活問題です。

衣装がずれてしまったり、留め具が外れてしまったりといったトラブルは演技に影響しますし、観ている方もヒヤヒヤしてしまいますよね。

ですから、スムーズに安心して動ける着心地を選手たちは大切にしています。シーズン中に何度も微調整し、全日本や世界選手権といった目標とする試合に向かっていきます。宇野昌磨選手が先の五輪シーズン、衣装の襟に違和感があり、自分でカットしたという話も聞きましたが、私も似たような経験がありました。

誰もが絶対に避けたいと思っているのは、衣装の飾りなどがリンクの上に落ちてしまうこと。ルールで減点1点と規定されていることは大きく、競っている勝負では順

位が変わってしまうこともあり得ます。２０１２年の全日本選手権大会の男子ＦＳを覚えている方もいるのではないでしょうか。髙橋大輔さんが２本の４回転ジャンプを決め、最後にレイバックスピンを回っているときに、袖に付いていた紫の羽根がふわっと宙を舞ったのです。最高の演技を締めくくる減点に、会場からはため息が漏れました。また、エッジを手で持ったときに、運悪く手袋が引っかかってしまい、リンクに落ちてしまった選手を見たこともあります。

　とはいえ、実は細かい飾りが氷上に落ちるのは珍しいことではありません。キラキラと光るラインストーンは専用の強力な接着剤で付けているものの、けっこう落ちてしまうもの。ただ、サイズはせいぜい直径数㎜と小さいので、演技中に落ちたとしても、ジャッジ席からはほぼ見えません。減点は試合中にジャッジが判定するものなので、あとから落ちているのが見つかったとしても、マイナスにされることはないのです。

　ただし、こういったルールが規定されていることには意味があります。たとえ小さな布切れ１枚でも、氷上に異物が落ちていると思わぬ障害物となり、選手が予期せぬ転倒でケガをすることも考えられます。ですから、経験を重ねた選手ほど、衣装の装飾にはこれ以上ないくらいに気をつけているのです。

衣装は洗う？　洗わない？

ファンのみなさんはこう聞くと少しショックを受けるかもしれませんが、衣装は基本的には洗いません！　フォルムが崩れてしまったり、色落ちしてしまったりする危険性があるからです。また、繊細な装飾が取れてしまうのも心配。

衣装を洗濯しないのは常識だと思っていたのですが、念のためスケーター仲間にアンケートをとってみました。すると、18人中12人が「洗わない」と回答。その多くが全日本選手権など、国内トップクラスの大会に出場するスケーターでした。つまり、高価な衣装ほど、洗っていない可能性が高いのです。私は汗をかきにくいタイプでしたが、さすがに男子選手は衣装さんにお願いして洗ってもらうこともあるそうです。

洗わない代わりに、演技後に脱いだ衣装はどのスケーターも、除菌スプレーなどをかけてケアをすることが多いです。私が愛用しているのは、「バリュースペース」というメーカーの除菌消臭剤「ムキンV」。原因物質を包むのではなく、分解して消臭するタイプで、赤ちゃんやペットにも使えるほど肌にも安全な消臭剤です。口に入っても大丈夫なのに、インフルエンザやノロウイルスの除菌効果もあるという優れもので、海外の試合にも持っていって重宝していました。

髙橋大輔さんの美しい衣装に憧れて

最近は衣装のレベルも進化して、繊細なデザインが増えたので、ファンのみなさんが観戦する楽しみのひとつになっているかもしれませんね。

もちろんスケーターにとっても、他の選手が着ている衣装は、やっぱり気になるものです。アイスショーでは、選手同士でお互いの衣装を交換して着ることもありました。私が最も気に入っているFS「恋人達の夢」のブルーの衣装は、2016年の「プリンスアイスワールド」の大分公演で、本田真凜選手に「着てみたい！」と言われて、貸してあげたことがありました。エンディングの「ふれあいタイム」で着ていたので、ご覧になった方もいるかもしれません。同じ衣装でも真凜選手が着ると華やかで全然違う雰囲気になるなと感じました。

女子の衣装は気になる一方で、かつて男子の衣装はシンプルなものが多く、あまり参考にしたことはありませんでした。

ところが、私の心を引きつける衣装に出会いました。

髙橋大輔さんが2010年バンクーバー五輪で演技したSP「eye」。「オールジャパンプログラム」と呼ばれ、楽曲も振付師も衣装も、すべてジャパンメイド。まさに

唯一無二で、衝撃を受けるほど素敵だったのです。衣装が演技を魅力的に見せて、演技がさらに衣装を美しく見せる。そんな相互作用がフィギュアスケートの美しさなのだと感じさせてくれました。

最も目を引いたのは、胸から腰にかけて配置した花の装飾。レースのように繊細に花の模様をくり抜き、まるで肌が透けているかのように見せて（ルールでは過度な肌の露出が禁止されているので、実際には肌色の布なのですが！）、こんな方法があったのかとハッとしました。また、こうしたデザインで色気もしっかり出せるところが、さすが！

また、男子スケーターは、黒っぽい色を衣装に選ぶ選手が多く、つい無難な感じにまとまってしまうことも多いものです。ところが、この衣装はところどころに赤と金がバランスよく取り入れられていて、アシンメトリーなデザインが男らしさと強さを演出していました。当時の男子の衣装で、ここまで考え抜かれた繊細なデザインは本当に珍しかったのです。

五輪が終わったあと、同じ衣装デザイナーさんに私もお願いしました。エキシビション用に2着デザインしてもらったもののうち、ひとつは舞台衣装のように斬新な雰囲気で、珍しいツーピースのデザインでした。これまでとは違った雰囲気の自分を演出してくれた、思い出の衣装です。

高橋大輔さんの「eye」の衣装。観る人の心を動かす美しい演技を引き立てていました。

写真：photoXpress/アフロ

髙橋さんに憧れて、同じデザイナーさんに依頼してつくっていただきました。ツーピースのデザインは、女子の衣装ではちょっと珍しいかもしれません。

タイツ選びにコンプレックスが見える!?

女子スケーターを見ていて、きっと一度はこんな疑問を抱いたことがあるのではないのでしょうか。

「なんでスケート靴にタイツをかぶせる選手と、かぶせない選手がいるの?」

私はかぶせる派です。

さまざまな理由があってかぶせるようにしているのですが、まずはタイツの種類について説明したいと思います。

フィギュアスケートのタイツは主に、「フータータイプ」と、「ブーツカバータイプ」の2種類があります。フータータイプは、通常のおしゃれではくようなタイツと形状は同じで、タイツを着用してから靴を履きます。ブーツカバータイプは足の底が開いていて、靴にかぶせて着用します。足裏でパチンと留めるバックルが付いているものが多く、簡単に脱げないようになっています。

そのほか、ブーツカバータイプの変形で、つま先は出してかかとのみカバーする「フットレスタイプ」もあります。ロシアのアリーナ・ザギトワ選手がこのタイプをはいていました。

かぶせる派の私が感じているブーツカバータイプの主なメリットはふたつ。

ひとつはみなさんもお気づきだと思いますが、脚が長く見えます！　手脚を長く見せられると、演技の大きさや優雅さを印象づけて、ジャッジにアピールすることができます。ただし、足首が太く見えてしまうのはデメリット。スケート靴の上部と脚の段差をタイツで覆ってしまうため、足首にくびれがなくなり、肉付きよく見えてしまうのです。身長があまり高くない選手や、筋肉の付き方など脚の形を気にしている選手は、フータータイプを選ぶ人が多いかもしれません。

もうひとつのメリットは、靴の上からタイツをかぶせると、両足が擦れることでひもがほどけたり、引っかかったりする心配がないということ。

私は子どもの頃からブーツカバータイプに慣れているので、安心して演技できるということも大きいです。ただし、ジャンプやスピンの際にどうしても両足同士が擦れてしまうので、破れやすいのが難点。タイツの価格は1足あたり、だいたい3000円ほど。年間で消費するタイツの数は「1シーズンで出る試合の数」といわれています。

現役時代、こんなトラブルがありました。

新品のタイツをはいて試合に臨んだにもかかわらず、6分間練習で早々に大きな穴が開いてしまったのです！　急遽、持っていたテーピング用の肌色のテープを穴から

のぞく靴の白い部分に貼ることに。これで、遠目ではわからないように応急処置したのです。それ以来、破れても慌てることがなくなりました。

タイツ選びの難しさは、実はまだあります。

タイツには薄手と厚手の2種類があり、薄手のほうが脚は細く見えます。でも、破れやすいのが難点です。また、どのメーカーもカラーバリエーションは3段階程度しかなく、化粧品のファンデーションのようには選べないので、本当に自分の肌の色と合うものがなかなかないのです。また、タイツの色は濃いほうが細くは見えますが、衣装の色とのバランスもあるので、本当に悩みます。

タイツ選びには好みに加えて、人それぞれのコンプレックスが見え隠れしているともいえるかもしれません。それは、スケーターはできるだけ身体をきれいに見せて、美しい演技をしたいと思っているからこそなのです。

主なスケートタイツの種類

ブーツカバー

スケート靴にかぶせて着用します。足裏が開いていて、靴にかぶせたら脱げないように、バックルでパチンと留められるようになっています。

フーター

タイツをスケート靴にインにして着用するタイプ。形は、通常のおしゃれではくタイツと同じですが、競技用なので厚手です。

写真提供／チャコット

私はチャコットの
ブーツカバータイプを
愛用しています！

フィギュアスケーターはメイクに苦労している

試合では必ずメイクをしなければならないというルールはありません。ノービスやジュニアの選手では、ノーメイクで演技をする子もいます。ただ、プログラムの世界感をより伝えるために、衣装に合わせたメイクをすることで、演技に込めた感情も伝えやすくなります。私は小学生のときは母にメイクをしてもらっていましたが、中学生になると親の付き添いなしで試合に行くことが増えたので、頑張って自分でメイクを覚えました。

試合の会場にあるのは更衣室のみ。特別なメイクルームなどがあるわけではないので、選手たちはみんな、自分が宿泊しているホテルの部屋でメイクを済ませてから会場に行きます。

選手によってメイクのやり方も、かける時間も違うと思いますが、私の場合はだいたい1時間ほど。ファンデーションはリキッドタイプを使い、仕上げはパウダー。メイクは本番よりもかなり前にすることになるので、汗で落ちにくいものが理想的。崩れたらパウダーで直します。とはいえ、リンクでは鼻もよくかむので、ファンデーションが落ちやすいのは悩み。ただ、試合前はメイクをそこまで気にしていられないとい

うのも、正直なところです。

特に力を入れるアイメイクは、衣装に合わせた色のアイシャドウを選ぶことが多いです。大きな会場だと3階席まであるので、遠い席の方にも表情を感じとってもらえるように、だいたい普段の2倍から3倍の濃さになるように心がけていました。

眉を描くことには昔から苦手意識があり、いまだに左右をバランスよく仕上げるのが不得手です。10代の頃は、眉だけをコーチにお願いして描いてもらうことも。他のスケーターでも「メイクが苦手」という声をよく聞きますが、メイクは自分でできるに越したことはありません。その点、男子はメイクの負担がなく、うらやましいなと思うこともありました。特にアイスショーのときなどは、私たちがメイクにかけている時間に、サッカーをしているのをよく見ていましたから。

試合前は水分を何度も摂るので、私は口紅は直前まで塗りません。直前の6分間練習でも、滑走順が後半のときは塗らずに滑っていたこともありました。一度更衣室に引き上げてアップし、演技前にスケート靴を履いたら、口紅を塗ってリップグロスで仕上げます。ツヤを与えてくれるグロスを塗ったほうがテレビ映りもきれいなので、ここは丁寧に。このとき、塗っている手が震えていることがあり、そんなときは「あ、今日はちょっと緊張しているな」と自分の精神状態に気づくこともありました。

アイスショーでは、プロのヘアメイクさんが入ることもあります。特に化粧品メー

アイメイクのテクニック

先にアイライナーを引き、まつげの隙間もしっかり埋めます。演技の表情を際立たせるために、目尻はやや長めにし、目力を強くします。

アイライナーで引いた線をアイシャドウでややぼかすようにして、アイホールにも色をのせていきます。そうすると、多少ラインが太くなったり、乱れたりしても目立ちません。

カーがスポンサーになっているショーの場合は、メーカー専属のメイクさんがメイクしてくれるので勉強になりました。ファンの方からは化粧品をプレゼントしていただくことも多かったのですが、困ったのが「つけまつげ」。せっかく贈ってくださったのですが、自分できれいにつけられる自信がなく、なかなか使えずにいました。そこで、ショーのときにメイクさんにお願いして、つけてもらったことも。

　プロのアドバイスでためになったのが、アイラインを引いてからアイシャドウを塗るというテクニック。アイシャドウを塗る面積が少なくて済み、アイラインとアイシャドウの境界線もぼかせるので、仕上がりがきれいです。

　スケーターでメイクのテクニックがずば

アイスショーのときに、安藤美姫さんが直してくれたSP「マラゲーニャ」のメイク。見違える仕上がりに、思わず写真を撮ってもらいました。力強いアイメイクは美姫さんならでは。

抜けていると思うのは、なんといっても安藤美姫さん。プロ並みのメイクパレットを持っていて、プログラムに合った立体的なアイメイクを手際よく仕上げていくのです。アイスショーでSPの「マラゲーニャ」を滑るときに、美姫さんは私のメイクを見てひと言。

「『マラゲーニャ』にそのメイクは薄すぎ！」

すぐに、パパッと私のメイクを手直ししてくれました。しっかり濃いのに美しく見える仕上がりはさすがです。目力が強くなり、表情が遠くからでも見えるようになりました。今もメイクはあまり得意ではありませんが、10代の頃にくらべたらきっと進歩しているのではないかと思ってます。

試合のヘアスタイルは遠心力との戦い！

メイクと同じように、ヘアスタイルにも、フィギュアスケートの試合ならではのアレンジのコツがあります。

とにかく大切なのは「まとめて、固める」ということです。3回転ジャンプを跳び、高速スピンを回る。試合のときの髪型は「遠心力」との戦いです。

遠心力がかかっても乱れないようにするために、多くの選手がアップスタイルにします。スタンダードなのは、ジェルでまとめてハードスプレーでがっちり固めて、さらに後れ毛などはヘアピンで留めるというやり方です。

さて、前の項では衣装の飾りが落ちると減点になるという話をしましたが、ヘアアクセサリーも同じなので、落ちないようにとても気を使います。まとめ髪にしてバレッタを着ける場合も、ヘアピンで裏からガチガチに留めている選手が多いのです。

数年前、フィギュアスケートの衣装製作でも知られる「チャコット」が「スール スー」というブランドのくるくる頭に巻き付けるタイプのヘアアクセサリー「スールリュバン」を販売し、スケーターの間で大人気になりました。ロシアのエレーナ・ラジオノワ選手や、本郷理華選手などが愛用したことがきっかけで、多くの選手が取り入れる

ように。このアクセサリーは、裏面に付けられたマジックテープで髪にくっつき、柔らかい素材でできているので頭も締め付けません。ただ、こうしたアクセサリーもやはり氷上で落ちるのが怖いので、ヘアピンで留めている選手が多いですね。

さて、苦労するのは試合を終えた夜のバスタイム。髪をあまりにもしっかり固めすぎているので、シャンプーで洗ってもなかなかスタイリング剤が落ちず、何かいい方法はないかなと思っていました。

あるとき、試合で同室になった村上佳菜子ちゃんに、その悩みをポロッと漏らしたところ、「先にトリートメントを使って固まったスタイリング剤を軟らかくすると、すごくラクに落とせるよ」と言うので、すぐに試してみました。すると、ハードに固まっていた髪がすぐに扱いやすくなりました。こんないい方法があったなんて！　フルメイクをオイルクレンジングでやさしく落とすような感覚です。

悩んでいる人にぜひ、教えてあげたいです。

スケーターの間で大流行した、「スールスー」の「スールリュバン」。
写真提供／スール スー

HARUKA's Exhibition

© Akira Sawamoto

広告撮影のために、2016～2017年のFS「プリマヴェーラ」の衣装で演技しました。「新潟アサヒアレックスアイスアリーナ」にて。

Special talk

今井 遥 × 伊藤聡美

フィギュアスケート衣装デザイナー

多くのトップスケーターの衣装を手がけている伊藤聡美さん。
実は伊藤さんが、初めてフィギュアスケートの
衣装をつくった選手が、今井遥さんでした。
今回は、伊藤さんの衣装が生まれるアトリエにお邪魔して、
今井さんの競技衣装を振り返りながら、知られざる衣装づくりの
舞台裏について語り尽くします。

Text/Satoko Onuma　　Photo/Maki Kato

Profile
伊藤聡美　*Satomi Ito*
専門学校で服飾を学び、卒業後、イギリスのノッティンガム芸術大学へ留学。帰国後、服飾会社で衣装製作に携わり、2015年に独立。国内外のトップスケーターの衣装を手がける人気デザイナーとして活躍。

「初めてデザインしたフィギュアの衣装は遥ちゃんのイメージでした」（伊藤）

今井　伊藤さんとの出会いは2013年ですよね。「ドリーム・オン・アイス」で、そのシーズンのショートの「無言歌」を滑ることになっていたんですが、まだ新しい衣装ができてなくて。手持ちの衣装からどれを着るか迷っていたときに、伊藤さんが、私のためにつくった桜の衣装（左ページの写真右）を持ってきてくださったのが最初でした。

伊藤　それが初めてデザインしたフィギュアスケートの衣装だったんです。当時は衣装製作の会社に勤めていて、仕事で「桜をテーマにしたフィギュアの衣装をつくってください」と課題が出たのがきっかけで。でも、衣装って着る人がいないとイメージが湧かないんですよね。それで、桜のピンクや妖精っぽい雰囲気が似合う、遥ちゃんをモデルにデザ

「伊藤さんの衣装を初めて見たとき、これまでにない感じがしたんです」（今井）

インしてみたいと思ったんです。
今井　あの桜の衣装はそうやって生まれたんですね、初めて知りました！（笑）　もともとフィギュアは観ていらしたんですか？
伊藤　はい、試合も観に行ってました。遥ちゃんは凜として可愛らしい方だなと思っていましたね、本人を目の前にして言うのは恥ずかしいですが（笑）。それで、せっかくつくったので着てほしいなと思って、コーチの道上先生にご連絡したら、「サイズもぴったり」って。
今井　試着したらまるで採寸したみたいにちょうどよくて、色もデザインもすごく私の好み。すぐにショーで着ることになったんです。
伊藤　今でも鮮明に覚えています。私の衣装を着てリンクインした瞬間に「うわー!!」って（笑）。本当に興奮しましたね。

「初戦に間に合うように、同時進行なのが大変！」（伊藤）

今井　羽生結弦選手や宇野昌磨選手をはじめ、数々のトップ選手の衣装を担当されていて、フィギュア界では引っ張りだこですね。今シーズンは何着くらいつくるんですか？

伊藤　40着くらいでしょうか。平昌五輪シーズンは50着つくりました。

今井　すごい！　大忙しですね。

伊藤　全部が同時進行という感じです。

今井　私は毎年、5～6月くらいにはお願いして、9月の試合ではもう着ていましたよね。やりとりは基本的にLINEやメールでしたが、今も変わっていませんか？

伊藤　そうですね、直接会う時間も限られているので、採寸もコーチやお母様にお任せしています。プログラム曲を教えてもらい、イメージや色のリクエストをいただいたら、半月以内にデザイン画を3枚くらい描いて選んでもらい、それをブラッシュアップさせたら、次はもう、1か月後にフィッティングです。

今井　あっという間ですね。今はどんなふうにオーダーを受けているんですか？

伊藤　コーチや選手のお母様の紹介などでお引き受けすることが多いです。でも、最初は遥ちゃんから始まって、広がっていきました。

今井　本田真凜ちゃんは、伊藤さんがデザインした「恋人達の夢」の衣装（93ページの写真左）がとても好きだと言ってくれて。

伊藤　そうなんですか！　遥ちゃんの衣装に憧れる選手は多くて、「同じようなデザインで

「描いていただいたデザイン画は今でも大切に取ってあります」（今井）

つくってください」と言われることも多いです。でも、やっぱり遥ちゃんが着るからこそ、イメージできたデザインなんですよね。

今井 ありがとうございます。

伊藤 遥ちゃんは、私が担当する以前の衣装は海外の方にお願いしていたんですか？

今井 そうです。海外はほぼメールでやりとり。ロシアの方にお願いしていたときは、発注するときにリクエストを伝えて、衣装が送られてきたら、「スカートは長いままにしてあるので、自由に切ってください」とか。

伊藤 うわぁ、そうなりますか。同じ衣装屋として、気持ちはわかりますけど……。選手的には、ちょっと困りますよね。

今井 自分でジョキジョキ切ったこと、あります（笑）。アメリカを拠点にしていたときは、クラブ全体でお願いしていたので、衣装さんが毎週、リンクに来ていました。

刺繍やビーズを組み合わせた装飾は、実に繊細な美しさ！ キャンバスに絵を描くように仕上げていくそうです。

「恋人達の夢」の最初の衣装デザイン画。これをもとに、細かいデザインを調整し、具体的な装飾を考えていきます。

「遥ちゃんの衣装がきっかけで軽さを気にするようになりました」（伊藤）

胸元には満開の桜！花びらのパーツはすべて手づくりで、胸元の柄もデザインを布に転写したオリジナル。

今井 アメリカの衣装さんは、まち針をつけたままフィッティングするので、ときどき刺さって痛いんですよ。すごく嫌でした……。

伊藤 うわぁ、海外っぽい！（笑） でも、完成した衣装は軽くてきれいでしょう？

今井 確かに軽いですね。

伊藤 実は、遥ちゃんにつくった「恋人達の夢」の衣装で、「重く感じるのでストーンを減らしたい」って言われてから、軽さについてすごく気にするようになったんですよ。

今井 やっぱり、スポーツで着るものという難しさがありますよね。

伊藤 動けないと話にならないですからね。男子は最近、シンプルな衣装が増えていますが、女子はやっぱり華やかでなくてはいけないので、装飾があっても動けるための工夫が難しいところです。あとは、フィット感。自分で着て確認できないので……（笑）。

今井 確かに（笑）。シーズン中に体を絞って、かなり体型が変わる選手もいますよね。

伊藤 そうなんです、途中でメンテナンスが必要。遥ちゃんの衣装も何度か直しましたが、ほかの選手と比べて変わらないほうでした。

伊藤さんの仕事道具のひとつ、ラインストーンの見本帳。氷上できらめきを表現するパーツのひとつです。

これがなくては仕事にならない！ ラインストーンを貼る作業に欠かせない、接着剤、ピック、シリコンマット。

「空気抵抗を感じないことも私にとっては大切です」（今井）

今井　そういえば「恋人達の夢」のスカートは、ジャンプやスピンを回ったときに広がらなくて、空気抵抗を感じたので、スリットを入れてもらったんですよね。

伊藤　スリットの下にフリルも増やして。

今井　結果、すごく凝っている感じで、あまりない素敵なデザインになって。とても気に入ってます。ところで、フィギュアの衣装は、縫製も普通の洋服とは違うんですか？

伊藤　そうですね。脇や袖の下、股ぐりなど、動きがある部分だけは二重に縫っています。糸も伸縮性のあるものを使っているので、4本ロックという専用のミシンを使用しています。

今井　ノービスやジュニアの選手は、お母様が衣装をつくっている子も多いですよね。

伊藤　つくり慣れている方は、このミシンに手を出していると思います（笑）。

「伊藤さんにしかできない装飾、ストーンの配置が本当に好きです」（今井）

今井　伊藤さんはデザインをしたら、パターンや縫製は外部の方にお願いして、アトリエでは刺繍やラインストーンを付けるといった仕上げの装飾をなさっているんですよね。

伊藤　そうです。飾りがない状態で上がってくるので、その時点で、デザイン画のイメージを具体的にどう表現するかを考えます。縫い子さんは外部の方ですが、生地はもちろん私が選びますし、デザインによっては自分で染めることも多いです。グラデーションのものはだいたい生地用の染料で染めてます。既成の生地だと細かい表現が難しいので。

今井　だから素敵なんですよね。今シーズンの衣装の傾向はどんな感じですか？

伊藤　ロシアのザギトワ選手の影響で、チュチュっぽいデザインが人気ですね。でも、スカートの生地の量が多くてバサッとするので、空気抵抗は感じやすいかもしれません。

今井　チュチュで難易度の高いジャンプを跳ぶザギトワ選手は、本当にすごいですよね。

伊藤　日本の男子選手は変わらず、キラキラ人気。海外の選手のほうがシンプルです。

今井　これからも伊藤さんの衣装、楽しみにしています！

Part 3

「美しさ」の土台となる身体

氷上練習と同じくらい大切な陸上トレーニング

フィギュアスケートという競技は、スケートの技術を磨くと同時に、その技術を支える身体づくりがとても大切です。

私が競技のためのトレーニングをスタートしたのは小学校の高学年から。氷上で演技するためには持久力が必要になるため、まずは、「走る」というトレーニングが基本中の基本です。

最初の目標は、フリーをしっかり滑りきれる力を付けること。演技の時間は短いように見えますが、全力疾走し続けているような運動量なので、選手の体感はとても長いのです。フリーを滑りきるために4分間猛ダッシュで走ったら、1分間はゆっくり走って、再び4分ダッシュ、1分ゆっくり……と、これを繰り返すようなトレーニングをやっていました。また、体重を増やさないようにするために、定期的に1時間ほどゆっくり走る有酸素運動もしていました。そんなときは、汗をかくためにしっかり着込みます。そのほかに、エアロバイクなども取り入れていました。

筋力トレーニングは、多くのトップ選手が専属のスポーツトレーナーの指導を受けています。どの競技でもそうですが、フィギュアスケートの場合も、体幹を

しっかり鍛えることが基本です。わかりやすい例でいうと、ジャンプの回転軸を安定させるためには、体幹がしっかりしていなければいけません。スピンも同様で、同じ位置で動かずに回り続けるために大切なのは体幹です。また、たとえば手を上げるだけの何気ない振り付けも、体幹をしっかりキープしたまま動かせているかどうかで、美しさが変わるのです。

　こうした毎日のトレーニングメニューは、そのときの自分の身体の状態に合わせて、専門のトレーナーの先生に考えてもらっていました。筋力には左右差が出てしまうことも多いので、バランスを整えるために、例えば右のエクササイズだけを多めにやるようなことも。理想とする身体のラインをキープしながら、体重を増やさずに必要な筋肉を付けていかなければならないので、プロにメニューを組んでもらうことの重要性も感じていました。

　ちなみに、私は小学校から高校までは、こうしたトレーニングを基本的に、一日の終わりにまとめてやっていました。おそらく、氷上練習の合間にやる選手が多いのではないかと思いますが、汗をかいた状態でいるのが苦手なので、自宅で2時間ほどかけてトレーニングをこなしたら、そのままサッとお風呂に入るのが毎日のルーティン。汗を流してリラックスし、就寝するというリズムになっていました。

〝美〟を磨くためのスケーターエクササイズ

華やかな氷上の演技とは打って変わって、日々のトレーニングは本当に地道な繰り返し。毎日同じことを続けていくには、強い気持ちも必要です。

トレーニングをする上で大切なのは、目的を意識することです。トレーニングが身体のどの部位を鍛えるのか、その部位に負荷をかけて鍛えることで演技がどのように美しく向上するのか、イメージしながら取り組みます。また、美しい演技をするためには、柔軟性も非常に大切です。しなやかな動きができるように、可動域を広げるエクササイズも欠かせません。

そこで、私が現役時代にやっていたメニューのなかから、フィギュアスケートをやっていない人にもぜひ挑戦していただきたい「美しさを磨くエクササイズ」をご紹介します。

全部をやらなくても大丈夫です。たとえば猫背を気にしている人なら「美姿勢」のエクササイズだけでも、お風呂上がりなどに毎日の習慣として続けてみてください。間違いなく、美しくなれると思います。みなさんにも「毎日続けることで身体が変わる」ということを、体感していただけたらと思っています。

美脚
柔軟性
アップ

ハムストリングス・ストレッチ

**ハムストリングス（太ももの裏側）を伸ばすことは
脚を引き締めるだけでなく、身体全体の柔軟性を高めます。
最初にこれをやることで、ほかのエクササイズの効果もアップします。**

目標回数
3方向×8セット

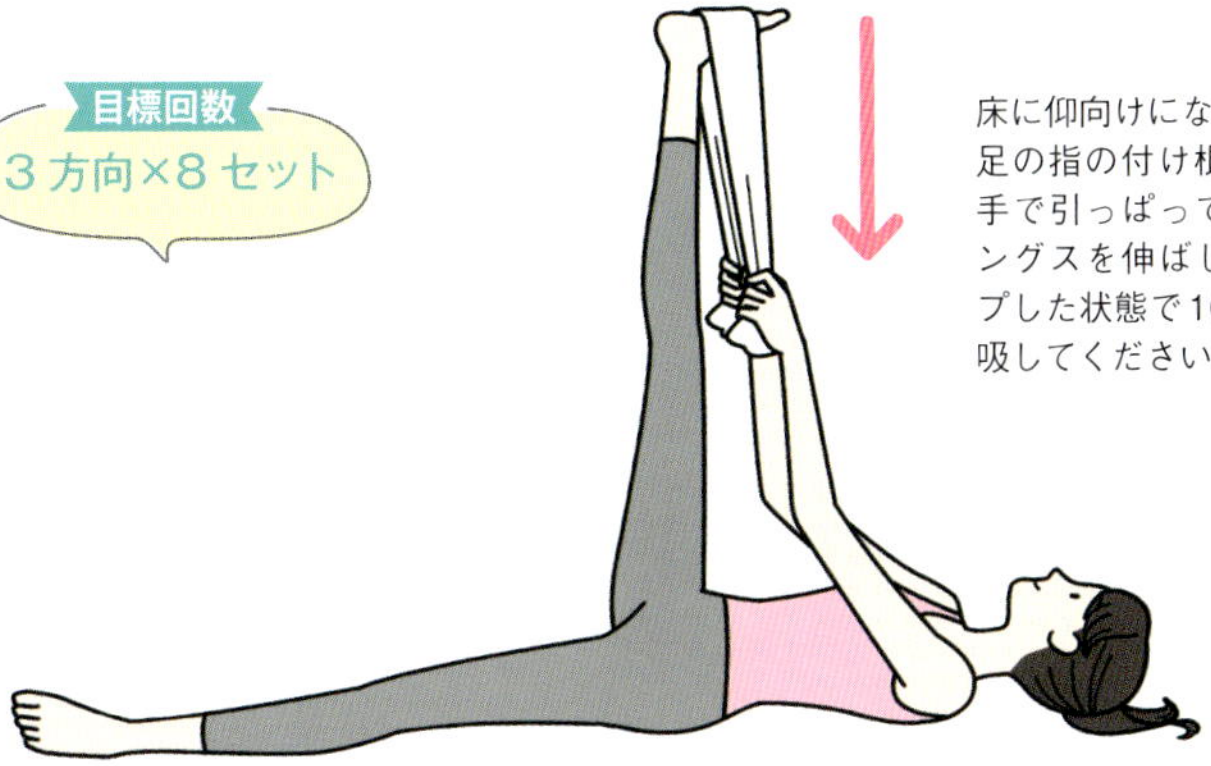

床に仰向けになり、タオルを足の指の付け根にかけて両手で引っぱってハムストリングスを伸ばします。キープした状態で10回ほど深呼吸してください。

同様に、右方向、左方向にも伸ばし、それぞれ10回深呼吸してキープします。

美姿勢 肩こり解消

ソラシック・ツイスト

胸椎（背骨の一部で、胸のあたりにある部分）を回すことで姿勢が良くなり、肩こりも解消！　肋骨の間を開くので、呼吸もしやすくなり、トレーニング効果が上がるストレッチです。

目標回数
左×10回
右×10回

左に横向きに寝て、上になった脚の膝を90°曲げて、両手を正面に伸ばします。

上になった手を頭の上で弧を描くようにして、反対側に回します。このとき、目線は手の動きを追いかけ、顔も反対側を向くようにします。

美姿勢 肩こり解消

プレーヤー・ストレッチ

広背筋という背中の筋肉を伸ばすストレッチ。フィギュアでは腕の動作をスムーズにするために必要ですが、一般の方は姿勢を良くし、肩こりを解消する効果があります。

目標回数
左×10深呼吸
右×10深呼吸

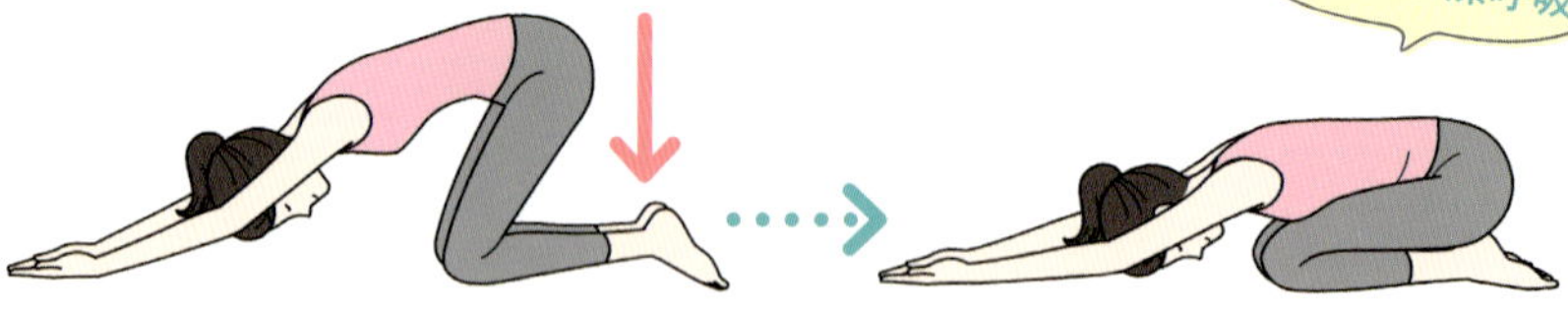

立て膝になって上体を倒し、左の手のひらを上に向け、右手で押さえます。左のお尻を左足のかかとにくっつけるように下げていきます。

左足のかかとに左のお尻がくっついたら、後方に重心を移動し、かかと側に体重をかけるようにします。そのまま、10回深呼吸してキープしてください。

ウエスト
引き締め

ツイスト・クランチ

**ひねりを加えることで脇腹の腹筋までしっかり鍛えて、
腰の脂肪を燃焼させるエクササイズです。
ウエストをすっきり引き締める効果があります。**

目標回数
左×10回
右×10回

床と背中が45°になった状態をキープしながら、正面に両腕を伸ばします。

45°をキープし、両腕を伸ばしたままウエストを左方向へひねって、指先を床に付け、再び正面に戻ります。

ヒップ
アップ

クック・ヒップリフト

**お尻の筋肉を動かし、負荷をかけ、
脂肪を付きにくくするエクササイズです。
続けることで、引き締まった美しいヒップラインをつくります。**

目標回数
左×10回
右×10回

仰向けになり、左の膝をできるだけ胸に引き寄せて抱えるようにし、右足の裏は床に付けて立てます。

右足のつま先を床から浮かせて、かかとで蹴るようにしながら、お尻を上げていきます。

現役生活を支えてくれたスポーツ栄養士のアドバイス

フィギュアスケートという競技にとって、毎日のトレーニングと同様に、食事の管理はとても大切です。太りやすい選手は食べ過ぎて体重を増やさないことが求められますし、太りにくい選手の場合でも、最高のパフォーマンスをめざすためには、ベストな体重を維持することが演技の安定につながります。常に同じ感覚でジャンプを跳べるように、身体を整えておかなければならないからです。

強化指定されているトップ選手の多くは、スポーツ栄養学の専門的な知識を持っている栄養士にサポートしてもらっています。私の場合は、スポンサーについてくださっていた企業の支援で、２０１５年から引退まで、新潟で活動している公認スポーツ栄養士の石墨清美江さんに栄養管理をお願いしていました。

最初に言われたのはこの言葉でした。

「自分の身体は、自分が食べたものからできているのよ」

もちろん、それまでも栄養バランスを意識してきましたが、もっと身体を意識して食べるようになりました。これまでの食生活をチェックしてもらうと、海藻や乳製品が足りないという指摘を受けました。また、食材を効率よく使い切ろうとして、食材

の品目数が少なくなっていることも改善すべきポイントでした。

毎日の食事は料理を指導してもらい一緒につくることもあれば、自宅に来てつくってもらうこともありました。決まったレシピ通りに自分でつくることもあり、そのおかげで料理の腕はちょっと上がったかもしれません。また、ときにはリンクに食事を届けに来てもらったことも。

アスリートが自分で食事を管理するのは大変です。練習をしたあとはお腹が空きますし、私の場合はストレスから甘いものを必要以上に食べたくなってしまいます。ですから、摂取する栄養素や食事の量、食事を摂る時間を専門家に管理してもらうことは、とても安心感があるものです。

専門家にサポートしてもらうまでは、食事の量を必要以上に控えていました。特に女子スケーターにはありがちなことですが、太ってしまうのが心配で、本当は食べても太らない食事量から、さらに減らしてしまっていたのです。

石墨さんからは、「食べたエネルギーと消費したエネルギーの収支が合っていれば、適切な体重を維持していけるので、必要以上に控えないようにすること」というアドバイスも受けました。食べる量を減らせば、選手にとって重要な疲労回復に必要な栄養素や、骨をつくる栄養素などの摂取量も減ってしまうことを、改めて教わりました。

また、ジャンプを跳ぶことで骨に負担がかかるため、フィギュアスケートの選手は疲労骨折をしてしまうことが少なくありません。

実際に私も、２０１１年に右足甲に疲労骨折を抱えたまま拠点をデトロイトに移し、選手としてこれからというシーズンに苦労した経験があります。そのため、日々の食事でいかにカルシウムを効率的に摂取していくかが大切であることを身に染みて感じていました。

石墨さんのアドバイスを受けるようになってからは、それまでよりも魚を積極的に食べるようになりました。当時は新潟に拠点を置いていたので、日本海の海の幸に恵まれていたのはラッキーでした。魚はカルシウムをたくさん含むだけでなく、カルシウムの吸収を助けるビタミンＤも豊富です。また、魚は良質な筋肉をつくる働きのある食材です。

さらに、トレーニングを終えた夕方には必ず乳製品を摂取するようになりました。夕方以降に摂取したカルシウムは、就寝中の骨の形成に役立つことが科学的に立証されています。また、その乳製品を食後のヨーグルトにすれば、甘いものを食べたいという欲求を満たすことができたのです。

シーズンに入ると海外遠征が続き、世界各国を転戦するようになります。現地では、いかに日本で摂っていた食事に近いものを食べるかで、コンディションが変わってきます。そこで、いろいろな種類のレトルトの食材を持たせてもらっていました。

ご飯は、食べる量を調整しやすいように100gパック。ツナは缶詰だと重いので、少量ずつパウチになったもの。ひじきの煮物などのお総菜類も、軽くてすぐに食べられるパッケージ。それに、身体を温めるスープや味噌汁なども必ず持っていきました。試合までの食事は、現地で調達した食材に加えて、こうしたものでまかなっていました。

　アスリート向けに開発された「スポーツようかん」は、試合前には欠かせませんでした。体内でゆっくりと吸収され、エネルギーに変わる糖質が含まれている食品です。このように栄養の働きを知り、理解した上で食べることは、精神的な安定感までもたらしてくれたのです。

　栄養管理をお願いするようになってからは、日々のコンディションが良くなり、体調を崩しにくくなりました。寒くて乾燥しているスケートリンクにいると、風邪をひいてしまうこともあるのですが、たとえ熱を出したとしても、以前に比べて回復があきらかに早くなったのです。食事の大切さを実感することで、試合への集中力も高くなりました。

体重管理のために徹底してきた4つの食習慣

スポーツ栄養士の方に栄養管理をしてもらう前から、体重を増やさないために、私が徹底して心がけてきた食習慣があります。現役時代だけでなく、今もフィギュアスケーターとして、ファンのみなさんの前でいつでも美しい演技を披露できるように、続けていることです。決してハードなものではないので、体重が気になる方は試してみてください。

1 食事は必ず「ベジ・ファースト」で！

食事のときは必ず最初に、サラダやおひたしなどの野菜料理を食べます。次に肉や魚などのたんぱく質、最後にご飯などの糖質（炭水化物）を摂るようにしています。そうすることで、血糖値が急激に上昇するのを抑え、余分な脂肪を吸収するのを防げるといわれています。外食ではなかなか野菜を摂りにくいのですが、もしサラダなどがなくても、野菜が豊富に使われているメニューを探します。

また、夜はご飯をやや控えめにして、糖質も摂り過ぎないようにしています。

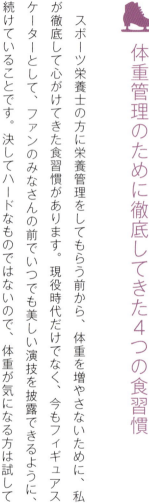

2 夕食はできるだけ6時までに食べる

現役時代からの習慣で、ふだん自宅で夕食を摂るときは、できるだけ6時までに食べるようにしています。遅い時間に食事を摂らないようにすることは脂肪を蓄えるのを防ぐ効果もありますが、そもそもスケートリンクの貸し切り練習を夜の遅い時間に入れることが多かったからなのです。

というのも、低血圧で早起きが苦手だったので、思うように動けるようになるのに時間が必要でした（一般の方も利用するスケートリンクの場合、貸し切り練習ができるのは早朝か夜です）。

たとえば夜9時からリンクでの練習がある場合、その3時間前までには食事を済ませておくのが理想的。フィギュアスケートに限らず、どの競技においても、トレーニングまでにきちんと食事を消化しておくことは必須です。なぜなら、消化のために胃に血液が集中し、そこでエネルギーが使われていると、練習で力を発揮することができないからです。

それが習慣化して、今も食事はできる限り6時までに摂るようにし、遅い時間にならないように心がけています。

3 食べたい欲求は「寒天」でコントロール

食欲をコントロールするために、冷蔵庫の中に「寒天」をつくり置きしています。甘さ控えめの牛乳かんや、旬の果物を一緒に固めたフルーツかんなど、バリエーションはさまざま。1個が200g程度になるように型に入れて固めておきます。

食べるタイミングは、まず食事の時間の少し前にひとつ。満足感を得られるので、食事を食べ過ぎないで済みます。寒天は食物繊維が豊富で、腹持ちもいいです。あとは、甘いものが食べたくなったときにひとつ。だいたい、1日に1、2個を目安に食べています。

寒天というと、低カロリーのイメージが強いですが、身体のためにもいいんです。海藻からつくられるので、カルシウムや鉄分などのミネラルが豊富。腸内環境を整えてくれるので、美肌にも効果があるそうです。

4 甘いものは、選んで食べればOK!

「幸せを感じるときは?」と聞かれたら、迷わず「スイーツを食べているとき!」と即答するほどの甘いものが好きです。

フィギュアスケーターは、織田信成さんや村上佳菜子ちゃんなど、甘いものに目がない人が多いですね。ジュニア時代から仲のいい大庭雅《みやび》選手とおいしい抹茶ティラミスのお店に行ったのですが、そこを教えてくれたのは田中刑事選手でした。

甘いものを食べないことは、本当にストレスになります。そこで、現役時代は「甘いものは選んで食べるならＯＫ」と決めていました。とはいっても、太りやすい洋菓子は避けて、和菓子を選んだり、フルーツを食べたり。寒天は、洋菓子の代わりにもなりました。もちろんガマンしたスイーツは多かったけれど、それでもごほうびがあるだけで、毎日の練習を頑張れるものです。

そんな私のために、スポーツ栄養士さんが考えてくれたのが、小麦粉をまったく使わないグルテンフリーのシフォンケーキ（１１９ページでレシピを紹介）。ふわっふわでとってもおいしいんです！　小麦粉の代用としてきな粉を使い、糖質を減らしています。しかも、きな粉の原料は「畑の肉」といわれる大豆なので、筋肉などをつくるたんぱく質が豊富。同じくたんぱく質である卵も加えるので、補食としても罪悪感なく食べることができます。身体のためのスイーツをつくる楽しみも増えました。

フィギュアスケーターの簡単できれいになれるレシピ

さて、食事にはとにかく気を使っているフィギュアスケーター。ここで、実際に私がつくっていた〝スケーター食〟についてお伝えしたいと思います。

新潟を拠点にトレーニングをしていた3年間はひとり暮らしだったので、自炊をする機会が多くありました。つくるのはもちろん、スポーツ栄養士さんに指導していただいたレシピです。

栄養学的なことが考えられていたのは当然ですが、いちばん工夫してくださっていたのは、「ハードな練習で疲れていても、つくろうと思えるくらいに簡単なレシピ」。クタクタになって帰宅して料理をするのは、本当にしんどいもの。20代になり、10代の頃より疲労回復にも時間がかかるようになっていました。だからこそ、簡単なレシピは本当にありがたかったのです。

ここでは、特に気に入っていて、繰り返しつくっているレシピをご紹介します。簡単なだけでなく、本当においしいのでおすすめ！　引退した今は、東京で一緒に暮らす家族のためにつくっていますが、みんなが笑顔になるレシピばかりです。ぜひみなさんも、つくってみてくださいね。

ミニ・ローストチキン

材料（つくりやすい分量）

鶏肉（手羽元）……12本

A　しょうゆ……大さじ2
　ごま油……小さじ1
　（オリーブ油、サラダ油でもOK）

つくり方

1 手羽元は軽く洗って、キッチンペーパーで水気をよく拭き取る。

2 ポリ袋に1の手羽元、Aを入れ、袋の上から手で調味料をなじませて、冷蔵庫で30分以上置く。

3 オーブンを200℃に予熱する。天板にクッキングシートを敷いて2の手羽元を並べて、下段で15～20分焼き、ひっくり返して15分焼く。焼けたら取り出し、表面が乾かないように、食べる直前までラップをかけておく。

HARUKA's point

シンプルな材料で簡単なのにおいしい！
骨付きの鶏肉は満足感があって、噛むことで表情筋も鍛えられます。
また、疲労回復効果もあるそうです。
少しだけ油を加えていますが、これはパサパサにならないため。
焼いている間に肉の脂がかなり落ちるので、ヘルシーですよ！

米粉シチュー

材料（2人分）

鶏肉（好みの部位）……150g
玉ねぎ……1個
白菜……250g
しめじ……½パック
コンソメ（顆粒）……4.5g
牛乳……200ml
米粉……大さじ2
塩、胡椒……少々

つくり方

1 鍋に水200ml（分量外）を入れて沸かし、沸騰したら食べやすい大きさに切った鶏肉と玉ねぎ、ざく切りにした白菜の軸の硬い部分、ほぐしたしめじ、コンソメを入れる。蓋をして、強めの中火で6分ほど煮る。

2 1に白菜の葉を加え、また蓋をして5分ほど煮る。

3 2に牛乳を加える。煮立ったら、米粉を入れてとろみがつくまで煮る。仕上げに塩、胡椒で味を調える。

HARUKA's point

市販のホワイトシチューのルウは脂質が多いので代わりに
米粉を使ってとろみをつけるのがポイント。
野菜をたっぷり食べられて、鶏肉と牛乳で
筋肉をつくるたんぱく質や骨をつくるカルシウムも
しっかり摂ることができます。

舞茸ご飯

材料（2人分）
米……1合
舞茸……1パック
しょうゆ……大さじ1½
酒……小さじ1½

つくり方
1 米は研いでザルで水をきり、炊飯器の釜に入れる。
2 1にしょうゆと酒を入れ、釜の1合の線まで水（分量外）を入れ、軽く混ぜる。好みの大きさに裂いた舞茸を米の上にのせ、普通に炊飯する。

HARUKA's point
舞茸を加えることで主食をカロリーオフ！
しかも、食物繊維とビタミンDがとっても豊富。
ビタミンDはカルシウムの吸収を助けてくれます。
きのこの旨味が濃いので、だしを入れなくても、
しょうゆと酒だけでも十分なおいしさです。
しかも、材料を炊飯器に入れて
スイッチを押すだけなので本当に簡単！

めかぶスープ

材料（2人分）
めかぶ……3パック
卵……1個
コンソメ（顆粒）……3g
酒……小さじ1
塩……ひとつまみ
胡椒……少々

つくり方
1 鍋に水450ml（分量外）を入れて沸かし、沸騰したらめかぶ、コンソメ、酒を入れて中火で煮る。煮立ったら塩、胡椒を加えて味を調える。
2 溶いた卵をまわし入れ、すぐに火を止める。

HARUKA's point
実はめかぶのネバネバが苦手だった私。
でも、このめかぶスープはスルッと食べられて、
とってもおいしいんです。
また、めかぶの食物繊維には
腸内環境を整える効果が期待できます。
しかも、カロリーも低いので、
ダイエット中の方にもおすすめ！

材料（16cmのシフォン型1台分）

A
- 卵白……5個分
- てんさい糖……50g
- 塩……ひとつまみ

B
- 卵黄……5個分
- てんさい糖……50g
- 塩……ひとつまみ

C
- きな粉……80g
- ベーキングパウダー……小さじ¼

みりん……45ml
サラダ油……45ml

小麦粉なし！ きな粉シフォンケーキ

つくり方

1 Aの卵白と塩をボウルに入れて、泡立て器で泡立てる。泡立ってきたらてんさい糖を少し加えて泡立て、残りも2、3回に分けて加える。しっかりツノが立つまで泡立てる。

2 Bの材料を別のボウルに入れて混ぜ、みりんを加える。サラダ油を少しずつ加えて混ぜる。そこへCを加えて、しっかり混ぜる。

3 **2**に**1**を⅓量加えて、ゴムベラでよく混ぜる。残りを2回に分けて入れ、手早く切るように混ぜ、型に流し入れる。

4 予熱しておいた180℃のオーブンで7分焼き、その後160℃に落として30分焼く。焼き上がったら逆さまにして冷まし、完全に冷めたらシフォンナイフで型から外す。

HARUKA's point

小麦粉を使わず、卵ときな粉で
たんぱく質を摂れるグルテンフリーのシフォンケーキです。
焼くときな粉の味がしなくなるのが不思議。
腸内環境を整えるオリゴ糖が豊富なてんさい糖を
使うのがおすすめです。
私は豆乳クリームを添えるのが好きです。

フィギュアスケートでアトピーを克服

トップアスリートはもともと強靭な肉体を持っていると思われがちですが、さまざまな持病を克服して競技に取り組んでいる選手が多くいます。フィギュアスケート選手では、羽生結弦選手は小児喘息を抱えていたことを明かしていますし、三原舞依選手も若年性特発性関節炎という難病を乗り越えて競技に復帰しました。

私は、幼い頃からアトピー性皮膚炎に悩まされてきました。手や指、関節などにいつもかゆみがあり、ガマンできずに掻いてしまった部分がいつもひどく荒れてしまい、皮膚はゴワゴワに。フルーツの汁などが口の周囲に付いただけで、かぶれてしまうこともよくありました。

アトピー性皮膚炎の原因は、皮膚のバリアー機能の異常といわれています。子どもの頃は病院で処方される薬に頼るしかなく、「自分は肌が弱いから仕方がないんだ」とあきらめていました。

ところが、小学3年生のときにフィギュアスケートを習い始めて、定期的にスケートリンクに通うようになってから、あんなにかゆみに悩んでいた肌が変化し始めたのです。これには両親も驚きました。

私の場合、特にかゆみの引き金になるのが気温の高さでした。特に夏場は暑いだけでなく汗もかくので、かゆみは倍増。ところが、スケートリンクに通うようになってからは、「あれ？　かゆくないかも」と感じることが増えました。リンクは湿度も低く、ひんやりとした空気は私の肌には心地よく感じられたのです。

最初のうちは、レッスンもせいぜい週1回程度でしたが、次第に通う頻度も高くなりました。練習している間は、早く上達したい一心で集中力も高まるので、肌のかゆみを忘れることができていたのです。しかも手袋を着けて滑っていたおかげで、無意識のうちに掻いてしまわずに済みました。中学に上がる頃には本気でスケートに取り組むようになり、同時に荒れた肌はすっかりきれいに！

今では「子どもの頃はひどいアトピーだった」と話すと驚かれます。相変わらず肌質は弱いままですし、リンクは乾燥しているので保湿には特に気を使います。基礎化粧品は特に、刺激の強いものを使うと荒れてしまうため、自然派化粧品の「シナリー」や、できるだけ肌にやさしいブランドのものを使っています。

また、肌への刺激をできるだけ少なくしたいので、日常はファンデーションを塗らず、ポイントメイクのみ。そのことを話すと、「本当にノーファンデなの？」と驚かれることも多いです。自信を持って演技を人に観てもらうためにも、肌のコンディションを整えることの大切さも実感しています。

フィギュアスケートを習い始めたばかりで、アトピーに悩んでいた9歳の私。神宮のスケートリンクでおこなわれた試合に出場し、「シンコペーテッド・クロック」という、時計のリズムを刻むような楽しい曲で演技しました。シングルアクセルに苦労していたのが懐かしい！

疲労回復は明日の演技を輝かせるカギ

美しい演技をするために練習は大切ですが、それと同じくらい、疲労を溜め込まないことが大切です。疲れが残っていると、心と身体がどうしてもバラバラになってしまい、ジャンプを跳ぶ感覚も悪くなりますし、ステップの脚さばきも悪くなってしまいます。美しい演技というものは、ベストなコンディションが非常に大切なのです。

私が毎日の疲労回復のために特に大切にしているのは、お風呂の時間です。

シニアに上がった頃から、30～40分は湯船に浸かるようにしてきました。スケーターにしては珍しく冷え症なので、身体を芯から温めたくて長湯をするようになったのですが、お湯に身体を沈めると水圧がかかるため血行が良くなり、疲労回復が早まるといわれています。また、少しぬるめのお湯に入ることで、副交感神経が刺激されて精神的な緊張がほぐれるので、硬くなってしまった筋肉をゆるめる効果も期待できるのです。

湯船に浸かっている間は、勉強の時間に充てていました。早稲田大学のeスクールに進学してからは、授業を動画で受講しなければならず、とにかく時間を捻出するのが大変だったのです。シーズンに入ったら勉強どころではなくなるので、前期のうち

に単位を取れるだけ取ろうと、タブレットPCをお風呂に持ち込んでひたすら講義を聴く日々でした。

急いで疲れを回復したいときに頼るのは、酸素カプセルです。さまざまな競技のアスリートが疲労回復に利用していますが、スケーターにも愛用する選手が多くいます。

酸素カプセルは、私たちが普段吸っている空気よりも濃度の高い酸素を出し、内部の気圧をやや高い状態にして、血液の中に酸素を送り込むことができる装置です。疲労回復だけでなく、ケガからの回復を早めたり、集中力を高めたりする効果もあるといわれています。1時間ほど酸素カプセルに入るだけで、頭がすっきりして、身体も軽くなったように感じられます。

試合の前後に入るのも効果があります。いったん心身をリセットして、新しい身体で演技できるのです。台湾で四大陸選手権に出場したときも、わざわざ探して入りに行ったほど。

また、普段や練習中に飲む水も「WOX」というブランドの高濃度酸素水を愛飲しています。血液中の酸素濃度を上げ、酸素カプセルに入るのに近い効果を狙うことができる水です。とにかく、疲労はできるだけ持ち越さない！　それが、明日の美しい演技につながるのです。

試合直前に絶対に負けられない敵って!?

試合前の数日はたいてい遠征先のホテルで過ごしますが、スケーターにとっては絶対に負けられない敵がそこにいます。それは、「乾燥」です！　ホテルの部屋は乾燥しているので、「マイ加湿器」を忘れずに持っていきます。

全日本選手権が開催される12月は、毎年のようにインフルエンザが大流行しています。この日のために頑張ってきたのに、試合ではなくウイルスに負けることだけは避けたいもの。私は喉も弱いほうなので、寝るときだけでなく、ホテルの部屋にいるときはずっと、加湿器をつけるようにしています。ときどき、試合前の緊張をほぐすために、ラベンダーやグレープフルーツのアロマオイルをたらして、リラックスすることもあります。でも、私の部屋は湿度が高すぎるのか、コーチには「ここは熱帯雨林なの!?」なんて言われてしまったこともあります。

また、お肌の乾燥対策もマストです。必ず持っていくのが「コルグレース」というブランドの炭酸パック。試合前日に湯船に浸かりながらパックすると、肌がツルツルになって引き締まるので、翌日のメイクのノリが全然違います。

美しい演技をするためのピーキング法

どんな競技でも、試合の日にベストコンディションに持っていく「ピーキング」がおこなわれていますが、フィギュアスケートも、トップ選手たちの多くがピーキングに取り組んでいます。

ピーキングのやり方は競技の特性によってかなり違うものです。たとえば、マラソン選手なら「カーボローディング」といって、試合の数日前から糖質の高い食事に切り替えて、体内にエネルギーを蓄えるということも、ピーキングの一種です。

フィギュアスケートの場合は食事を調整するというよりも、試合の日に向けて練習のやり方と練習量を減らしていくというのが一般的なやり方です。

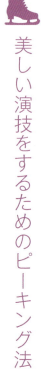

通常の練習では、たとえばジャンプなら、試合の数週間前まではチャレンジする期間。少しでも高い得点が狙えるように、自分のレベルよりも一段上をめざして練習します。

いよいよ試合の1～2週間前になったら、同じことを同じようにできるように繰り返して、跳べたときの状態を徹底的に定着させます。試合前の選手へのインタビューで「練習通りに演技できるように」という言葉が出てくることが多いですが、まさにピーキングによって安定させた演技を、そのまま本番でもできるようにという意味でしょう。

そして、当日に疲労感を残さないように、練習量も試合の1週間くらい前から徐々に落としていきます。大切なのは量よりも質！　私は陸上のトレーニングだけでなく、氷上の曲かけ練習の回数も減らしていました。

これまでハードに追い込んできた身体への負荷を減らしていくと、おのずと身体は軽く感じられるようになります。ジャンプを跳ぶのが楽になりますし、力を振り絞って身体をコントロールしていたのが、余裕を持って動けるようになります。練習では苦しいと感じていた要素と要素の間のつなぎもスムーズになり、美しい演技につながるのです。

ピーキングを含めて、直前にどんな練習をするかは、本当に人それぞれ。試合直前までガンガン練習したほうがうまくいくという選手もいますし、試合に疲労を残さないためか、朝の公式練習すら滑らないという極端な選手もまれにいます。

試合会場の公式練習で曲かけ練習の風景がテレビで放映されることも多いですが、選手たちの多くは動きを省略しながら、振り付けを確認していますよね。あれも、試合本番に疲れを残さないようにするためです。選手たちはこうして、実力の１００％以上の力を発揮することをめざし、美しい演技に結びつけているのです。

良質の睡眠が良いパフォーマンスにつながる

フィギュアスケートの選手を含め、すべてのアスリートにとって睡眠は、良いパフォーマンスにつなげるための大きな課題です。疲労を回復させるだけでなく、骨や筋肉をつくる成長ホルモンが分泌されるのは睡眠中だからです。

私にとってベストな睡眠時間は8~9時間。寝ている間は、身体が休んでいる「レム睡眠」と、脳が休んでいる「ノンレム睡眠」を繰り返していますが、その区切りですっきり目覚めたいので、予定がないときはアラームをかけずに寝ています。

多くのスケーターはこの睡眠に悩みを抱えているようです。

一般滑走のあるホームリンクで練習している選手の場合は、貸し切り練習はたいてい、早朝か夜。夜に集中して練習して帰宅すると、脳が興奮し続けているため、どうしても寝付きが悪くなってしまいます。

今でも忘れられない、2014年のお正月。私は東伏見のスケートリンクで新年を迎えました。驚かれてしまうかもしれませんが、大晦日の夜もリンクで貸し切り練習をしていたのです。練習を終え、そのままコーチと近くの神社に行き、初詣をして帰りました。それが選手の日常です。

また、試合前日ともなれば、さらに眠れません。眠れないと「あと○時間しか寝られない……」という気持ちがますますプレッシャーになってしまうのです。羊を数えても効果はありません！ 「すぐ寝られるスイッチ」があれば、それが一番欲しいと思ったこともありました。

そこで寝付きを良くするために、あるときからこんなことを習慣にしていました。

朝食のときに、脳内のセロトニンを増やすといわれる乳製品と大豆製品を食べること。スポーツ栄養士の方がアドバイスしてくださったのですが、セロトニンは「しあわせホルモン」とも呼ばれており、良質な睡眠をもたらすメラトニンの材料になるのだそう。

そして、寝る前にハーブティーを飲むこと。興奮した身体を落ち着かせて、リラックスさせることで、睡眠に導いてくれます。好きな香りのアロマオイルをたくのもリラックス効果があります。

また、寝る前はスマホやタブレットＰＣを見ないこと。ブルーライトの刺激があると、脳が夜だとなかなか認識してくれないからです。

夏以外の季節は、ホットアイマスクで目を温めるのも効果がありました。眠れないことに悩んでいる方は、ぜひ試してみてください。

©Akira Sawamoto

2018年3月、「新潟アサヒアレックスアイスアリーナ」で引退を発表。自分で振り付けをしたエキシビションナンバー「Bring The Snow」の演技で、現役生活を終えました。

Part 4

メンタルの「美」の磨き方

プログラムを美しく演じる感性を磨くために

みなさんはどんな演技に感動するでしょうか？
難しいジャンプを決めたり、ミスをひとつもせずパーフェクトにまとめたり、鮮やかなステップを見せたり……といった技術的な素晴らしさに心を打たれる人は多いことでしょう。

一方で、選手たちが演技中に見せる喜びや悲しみの表情や、あらゆる動きに込めた切なさや情熱といった感情が伝わってきたとき、真っ白で何もないはずのリンクにそのプログラムの豊かな世界観が広がるのを感じるのではないでしょうか。

フィギュアスケーターにとって、「プログラムに気持ちを込める」というのは、とても大きな課題であり、実際の演技の豊かさを大きく左右するポイントです。そんな課題に向き合うために、選手たちはバレエやミュージカル、演劇などの舞台芸術を鑑賞したり、コンサートに出かけたり、感性を磨くための努力もしています。

私もバレエ曲を演じたときは、生の舞台が観られる場合は劇場に足を運び、ＤＶＤを何度も観て、どう表現したらよいか模索しました。たとえば、「ジゼル」を演じたときは、主役の村娘と精霊を衣装で融合させました。村娘の喜びと精霊の悲しみをひ

とつのプログラムで表現し、長い話を短く凝縮した作品として演じる工夫をしたのです。バレエとはまた異なる自分らしい表現ができたように思います。

プログラムとは直接的には関連しなくても、「宝塚」の舞台を観に行ったことは、大きな収穫でした。特にキャストが勢ぞろいするフィナーレの「圧倒的な華やかさ」にものすごく心を揺さぶられたのです。同時に、

「試合やアイスショーを観に来てくれるお客さんはみんな、こういう気持ちになるのかな……」

と、観る人の視点に立って、その心境を初めて実感できたような気がしました。自分もこんな感動を与えられるように、競技もショーもどちらも頑張りたい。そんなふうに改めて思いました。

さて、こうした舞台芸術には物語がありますが、フィギュアスケートのプログラムでは、特にストーリー設定のない曲が使われることもあります。そんなとき、私はその曲に合う物語を自分で考えるようにしています。そうすることで、ただ手脚を動かすのではなく、その旋律に合わせて、心の奥深くから湧き上がってきたような感情を込めて演技をすることができるのです。

美しい演技をするための心の整え方

スポーツはメンタルコントロールが大切だといわれますが、フィギュアスケートは特に心の状態がそのまま演技に表れてしまうスポーツです。実際に、選手たちは、身体だけでなく心を良い状態に保って本番に挑むことをとても大切にしています。

試合前の選手がイヤホンなどをつけてひたすら音楽を聴きながら、集中力を高めているのをよく見るのではないでしょうか？　宇野昌磨選手のように、前に演技した選手の点数が聞こえてきても冷静にそれを受け止め、自分の演技ができるという選手もいます。でも、多くの選手はよけいな情報に心を乱されることなく、自分のことだけに集中して演技したいと考えるもの。そんなメンタルのコントロールに音楽の力を借りているのです。

ただし、音楽は耳栓の代わりではありません。選手たちの多くは「自分のテンションが上がる曲」を聴いて、試合に挑む気持ちをつくっています。私が聴いていた曲も、アップテンポで明るく、楽しい気持ちになれる曲でした。

そのほかに、イメージトレーニングも大切です。本番直前、私は自分が跳んだベストのジャンプの動画を繰り返し見ることで脳内にいいイメージを焼き付けていまし

た。練習のときに、ジャンプ練習の動画を撮影してもらい、そのなかの選りすぐりを集めて編集したものを、スマホでいつでも見られるようにしてあるのですが、きれいに跳んで着氷している自分を客観的に見ることで、ほかの選手に気を取られず、自分だけに集中する気持ちがいっそう強くなります。こうしたイメトレは、ほかの競技のアスリートも実践していると思いますが、フィギュアスケートにはとても効果があると思います。

心の整え方は人それぞれとはいえ、国際試合では海外の選手の思わぬメンタルコントロール方法に驚いたこともありました。

２００９年に韓国で開催された四大陸選手権のフリー当日の出来事。そのとき、同じ最終グループにいたのが、アメリカのキャロライン・ジャン選手です。６分間練習が終わり、最初の滑走者以外の選手たちが控室に戻るなかで、キャロライン選手はひとり静かに座って、小さなハードカバーの本に目を落としていたのです。そして、自分の演技の直前まで本を読んでいました。そんな選手は後にも先にも見たことがありません。

その試合でキャロライン選手は表彰台に乗りました。あのときの彼女の行動が決まったルーティンなのかはわかりませんが、今度会ったときに聞いてみたいと思っています。

追いかける背中があるから自分が磨かれる

フィギュアスケートを習い始めたのは9歳のときです。

同時期に同じクラブで習い始めた佐々木美帆さんは、共にジュニアの強化指定選手にも選ばれた実力のある選手。学年は彼女がひとつ下でしたが、昇級も試合もずっと同じレベルで頑張ってきた仲間でした。でも、美帆ちゃんのほうが私より常に一歩先を行っていて、ジャンプもスピンも表現力も、少しだけレベルが上でした。そんな美帆ちゃんがいたからこそ、「私ももっと上手になりたい！」と強く思えましたし、得意としていた「ドーナッツスピンからのビールマンスピン」も、ふたりで遊びながら練習していたからこそ習得できた技でした。

フィギュアを始めてから数年はホームリンクで滑るだけだったのが、小学5年生で初めて「野辺山合宿」に参加して、全国のトップレベルを知ることになります。同世代のスケーターの中では、スタートがかなり遅いほうだったこともあって、私は中学生になるまで、トリプルジャンプを成功させることができませんでした。でも、合宿で同い年の選手がどんどんトリプルを跳んでいるのを見て、じわじわと悔しさがつのってきたのです。「もっともっと頑張らなくちゃ！」。そんな強い気持ちが、自分を磨く原動力になっていました。

共に合宿に参加した選手の中でも、一学年下の村上佳菜子さんは、有名な山田満知子コーチが力を入れて指導していた生徒さんであり、すでに将来を期待されている有名な選手でした。そのときは別世界にいると思っていた佳菜子ちゃんでしたが、数年後には練習などでしゃべるようになり、海外遠征に一緒に行くようになり、同じステージで戦えるようになったのですから、本当に不思議です。

「追いつきたい」という気持ちは、初めて出場した２００９年の四大陸選手権でも、私に奇跡をもたらしてくれました。

シニアになって初の大きな国際大会ということもあり、目標は「ショートで予選落ちしないこと」。一緒に出場した浅田真央さんや鈴木明子さんの素晴らしい演技に、自分も少しでも近づきたい――。そんな思いで臨んだところ、フリーでは上位５選手が滑走する最終グループに入ることができたのです。

身近に追いかける背中があり、切磋琢磨し合える仲間がいるということは、選手にとってとても大切なことです。日本のフィギュア界に才能が溢れている今、現役のみなさんには好きなスケーターへの憧れや、追いつきたいと思う気持ち、同世代の仲間をリスペクトする気持ちを大切にしながら、自分を磨いてほしいなと思います。

小学校高学年の頃の私。一緒に練習していた佐々木美帆ちゃん（右）、小3から5年間、指導していただいた道家豊先生と、東大和スケートセンターにて。スケートの楽しさにめざめることができたのは、道家先生のおかげでした。

試合前のメンタルを支えてくれるコーチの力

雑誌やテレビの取材で、選手たちは「演技前に、コーチにどんな言葉をかけられましたか？」といった質問をされることがよくあります。

正直なところ、具体的な言葉までは覚えていないことが多かったのです。それだけ、演技の前はすごく緊張していました。しかも、演技が終わるとその緊張感から一気に解き放たれるので、ますます記憶が飛んでしまうのです。でも、リンクという広い舞台でたったひとりで戦う選手に対して、どんな言葉をかけると力を発揮できるか、お世話になったコーチはみんな理解してくれていたのではないかと思います。

アメリカで指導していただいた佐藤有香先生は、言葉の緩急の付け方が絶妙でした。普段はとても優しいのですが、厳しいところは厳しく、教え子の気持ちの持っていき方を細かく考えてくれる先生でした。ちょっとゆるんでいると、試合の直前でもシビアな言葉が飛んできます。私はそれに反発するように「やってやる」という気持ちが湧いてきて、そのときの演技がノーミスだったこともありました。

長久保裕先生は本当に温かい方。本格的に指導していただく前に、週末だけ名古屋に通っていた時期がありました。そのときはまだメインコーチではなかったのに、私の演技を常にリンクサイドで何気なく見てくれていて、試合のときも見守ってくれていたのです。公式練習のときもふと視線を上げると、長久保先生が頷いてくれたり。特別な言葉はなくても、その温かな眼差しがあるだけで、本当に安心感がありました。

引退まで長きにわたって指導してくれた道上留美子先生は、そのときによっていろいろな言葉をかけてくれていましたが、いつも必ず言ってくれた言葉だけは覚えています。

「楽しんで笑顔で」「失敗してもいいんだよ。思いっきりやってきて」

こう言われると心がスーッと軽くなって、肩の荷が下りるのがわかりました。もちろん、失敗なんてしたくない。意地でもジャンプを降りたい。でも、試合前にこう言われると、ものすごく心に響きました。これは選手にしかわからない気持ちかもしれません。

道上先生は試合のときに、私の衣装と同じ色のストールを身に着けて、リンクサイドから見守ってくれました。ショートのときはピンク、そしてフリーではブルー。「同じ色にしてきたよ」なんて、わざわざ言うこともなく、本当にさりげなく私の心に寄り添うように。どんなに励みになったことか!

コーチは選手にとって、心から信頼する絶対的な味方。メンタルを支えてくれる大きな存在なのです。

©KASAI Keiko/Absolute Skating

2013～2014年シーズン、台湾で開催された「四大陸選手権」ではショート3位、総合4位入賞。この写真は、ショート後のキス・アンド・クライにて。このとき、コーチの道上先生は、私の衣装に合わせてピンクのストールで試合を見守ってくださっていました。

「キス・アンド・クライ」のマイ・ルール

演技が終わり、コーチと共に得点のコールを待つ場所である「キスクラ」こと、「キス・アンド・クライ」。日本人は文化的にキスをして喜び合うことはありませんが、演技を終えた選手たちが結果を受け止め、ときに喜び、ときに涙するという表情がよく見えることは確かです。このドラマチックな名称は、１９８０年代に世界選手権の大会役員がテレビ局員に、待機場所の名称をたずねられたことがきっかけで名付けられたといわれています。

演技を終えた選手たちは、キスクラではつい気を抜いてしまうことも多いものです。いい演技をしたときは疲れを感じませんが、うまくいかなかったときは疲労感がにじみ出てしまうこともあります。

それでも、テレビ放映などを通じて、多くの人々の目にふれる場。採点を待つ間は、様々な思いが頭の中を駆け巡って心臓もドキドキしていますし、出せる力をふり絞って身体はヘトヘトですが、背筋を伸ばし、きちんと脚を揃えて座ることだけはマイ・ルールとして意識していました。

２０１４年、ボルドーで開催されたフランス杯のキスクラは忘れられません。いつ

2014年に台湾でおこなわれた「四大陸選手権」の客席の様子。最前列に、私のためにファンの方がつくってくださった、4つの応援バナーが掲げられているのを見つけました。

ものようにリンクサイドではなく、2階の遠い場所に設置されていたのです。演技を終えてリンクから上がると、係の人に「早く、急いで」と誘導され、コーチと一緒に走り、エレベーターで2階へ！　得点のコールに間に合わないんじゃないかと思い、このときは相当焦りました。

最後にもうひとつ、忘れないようにしていたのは、応援してくださった方々への感謝の気持ちを持つこと。客席にバナーを掲げてくださった方々、リンクに花やぬいぐるみを投げてくださった方々へ。選手たちは、たくさんのパワーに支えられています。

インタビューは「メディアトレーニング」で鍛えられる

日本のフィギュアスケートがどんどん強くなるにつれて、テレビで放映される試合の数も増えると同時に、上位選手たちがインタビューを受ける機会は以前とは比較にならないほど増えました。人気競技となったことで、早い時期からメディアの取材に受け答えする力を付けることが必要になってきています。一般的に「メディアトレーニング」と呼ばれる訓練です。

10年ほど前、まだジュニアだった頃から、すでに、ジュニア強化合宿のカリキュラムに、専門家による「メディアトレーニング」が組み込まれていました。

最も印象的だったのは、自分以外の選手に関する発言は極力しないようにという指導があったことでした。悪い内容のことはもちろん、「○○選手がこんなことを言っていましたが……」といった形式で質問された場合も、あとで問題にならないような受け答えをするように心がけていました。

また、こうしたトレーニングを受け、ケガや不調に関する発言は、どうしても言い訳に聞こえてしまうため、なるべく口にしないようにしていました。演技がうまくいかないんじゃないかという不安が大きいときほど、失敗したときの予防線として自分

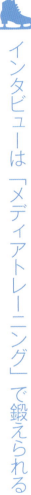

の状態を話しておきたくなるものです。でも、それは結局「逃げ」に過ぎず、自分の成長のためにも良くないと考えるようになりました。

プラスになったことのひとつは、「質問されたときは、理由も一緒に答える」というトレーニング。仮に「今井選手の好きな色は何色ですか?」と聞かれたとします。そのときにただ「ブルーです」と答えるのはNG。「ブルーが好きです。まさに、今シーズンのフリーの衣装の色が、清らかな水の流れをイメージしたブルーなのですが、澄み切った美しい気持ちになれる色だなと感じています」のように、理由を添えるだけで表現が豊かになりますし、選手の考えもよく伝わります。これは2人で1組になって、お互いに質問し合う訓練をしました。

そのほかにも、間を持たせるために「えー」「えっと」などの言葉を挟まないこと、間が空いてもかまわないので、頭の中で考えをまとめてから話すことなど、話し方のコツについても教わりました。

ジュニアの頃はまだ精神的にも幼く、実感としてなかなか理解しにくい部分もありました。でも、メディアや視聴者に好印象を持ってもらえるように、そして批判などを受けないために大切なことを早めに教われるおかげで、選手たちはインタビューへの対応力のベースを身に付けることができるのです。

恋愛したほうが表現力は豊かになる?

「恋愛をすることで演技が変わる」

以前、ロシアのタチアナ・タラソワコーチが浅田真央さんにそんなアドバイスをしたことが話題になりました。中野友加里さんも自身の著書のなかで、佐藤信夫コーチに「恋愛はしたほうがいい」と言われたと書かれていたのを読みました。

私も25歳になった今、フィギュアスケートの演技は、やっぱり恋愛することで豊かになる部分があるんじゃないかな、と考えています。実際にお付き合いをするかしないかは別として、好きな人を想う気持ちは、空想ではなかなか伝わりませんよね。経験してこそ、感情を込めて滑ることができるのではないかと思うのです。

そもそもフィギュアスケートで使われる曲は、恋愛を主題にしたものがびっくりするほど多いです。

多くのスケーターが滑ってきた「ロミオとジュリエット」は、お互いに想い合う男女が、運命の歯車を狂わせてしまった恋愛悲劇です。「白鳥の湖」は、白鳥の姿に変えられてしまったお姫様と若い王子の物語。私が滑った「ジゼル」も、貴族の青年と村娘の叶わぬ恋を描いた、とても切ないストーリーでした。

さらには、みなさんがよく知っている「オペラ座の怪人」も「シェヘラザード」も「仮面舞踏会」も「ウエスト・サイド物語」も……、実にたくさんのプログラムが、男女の恋愛が物語の重要なカギになっています。

具体的な物語がない曲でも、リストの「愛の夢」や、シャンソンの名曲「愛の讃歌」など、愛をテーマにした曲はたくさんあります。ですから、フィギュアスケートの楽曲を知れば知るほど、恋愛経験が表現力の幅を広げるのは本当かもしれないな、と思えてきます。

実際のところ、フィギュアスケートの選手たちはみんなとても仲が良いこともあり、選手同士で恋愛に発展することもあります。でも、遠距離恋愛で試合しか会うチャンスがなかったり、付き合っているのに練習が忙しくてデートを一度もしたことがなかったりするのは、「スケーター恋愛あるある」です。とても狭い世界なので、誰と誰が付き合っている、別れてしまった……といった話もすぐに伝わってしまいます。またたとえ別れても、何もなかったかのように友達同士に戻るようなことも。

競技を引退後、結婚して新たな家庭を築きながらも進化し続けているスケーターを見ると、恋愛はもちろんのこと、いろいろな人生経験を積み重ねていくことで、表現力というものは際限なく高め続けていけるのだと感じています。

スケーター仲間との友情はかけがえのない宝物

「どうしてそんなに仲がいいの？」

と聞かれるくらい、スケーター仲間の結びつきは深いものがあります。

特に仲が良い同世代の仲間との出会いは、たいていはまだ小学生の頃です。さらに強化指定を受けると、毎年のように合宿で一緒にトレーニングし、国際大会に出場するときもほぼ同じ飛行機で一緒に移動し、とにかく長い時間を共に過ごします。シニアに上がると、海外遠征の移動はそれぞれの選手に委ねられますが、それでもトップクラスのメンバーはほとんど変わらないため、仲良くなって当たり前の環境なのです。

大会の練習中、急にジャンプの調子が悪くなってしまい、ミスが多くなったりすると、緊張して眠れなくなることも多いです。

そんなとき、ＬＩＮＥでのたわいのない会話や、真夜中の電話に付き合ってくれた仲間の存在はとてもありがたいものでした。

「自分がどう跳んでいたのかわからなくなっちゃった」

「ジャンプの調整が試合に間に合わなかったらどうしよう」

そんなことを話すうちに、自分の頭の中で考えがまとまってくることもありました。それに、「ステップで転んじゃった（選手はスケーティングではめったに転びません）」なんていう一言も、スケーター同士だからこそお互いにわかり合えるのです。

海を越えて深い友情を築けた仲間もいます。

アメリカの長洲未来選手です。バンクーバー五輪に出場、平昌五輪団体では銅メダルに輝きました。

出会いは２０１０年のグランプリシリーズ、フランス杯。彼女とは同い年で、後に私がデトロイトを拠点に練習していたこともあり、親しくなりました。アメリカで練習していたときは時差のせいで、日本の家族や友人と電話で話せる時間は早朝か深夜と限られているため、少しさびしい思いがありました。そんなときに、ロサンゼルスに住んでいる未来とスカイプで話す時間はすごく楽しかったのです。来日したときは、私の家に泊まりに来たことも。

忘れられないのは未来がＮＨＫ杯に出る前日、「焼き肉を食べたい」と言うので、一緒に焼き肉屋さんに行ったこと。私は出場しない大会でしたが、彼女は本当なら緊張する試合前です。それでも、一緒に食事をすることでリラックスできると考えてくれたことが嬉しかったのです。

2010年、グランプリシリーズフランス杯の試合後、未来と一緒にエッフェル塔に登って撮影！

左の写真と同じくフランス杯のとき。浅田真央さん、小塚崇彦さんとシャンゼリゼ通りを観光して、クリスマスの雰囲気を楽しみました。

2016年の「プリンスアイスワールド」で、髙橋大輔さんと一緒に。ずっと尊敬してきた、スケーターです！

アスリートチェックのために東京に来ていた田中刑事くんや日野龍樹くん、大庭雅ちゃんと会うために、野添紘介くんや服部瑛貴くんも駆けつけ、同世代のスケーター仲間が新宿に集合！

選手たちの心が解放される「バンケット」

シーズン中に出場する大会は、小さな大会も含めるとだいたい7、8回ほどです。そのたびに、選手たちは自らの心と身体を極限まで追い込んで、試合で力を出し切り、エキシビションまで終えると、本当に心から解放された気持ちになるものです。

フィギュアスケートには、そんな選手たちをねぎらう「バンケット」と呼ばれる豪華なパーティーがあります。選手たちにとってみれば「打ち上げ」のような感覚なのですが、国際大会では主催国からのおもてなしを受ける場でもあり、大会の公式行事として位置付けられています。大会参加者のために用意されたホテルのバンケットルームでおこなわれ、食事はだいたい着席式のビュッフェスタイルかコースメニュー。ときには音楽の演奏があったり、主催国ならではの民族舞踊が披露されたり、おもてなしの演出もさまざまです。日本のおもてなしで人気なのは、職人さんが目の前で握ってくれるお寿司。試合前は、生ものを避ける選手がほとんどだと思うので、これも試合後の楽しみかもしれません。

そして、ファンの方にとっては選手たちのファッションにも興味があるのではないでしょうか。みんなとってもおしゃれしてくるので、氷上とはまたひと味違った華や

かさ！　特に海外の女子選手たちのドレスアップした姿は本当に素敵で、大胆なデザインのドレスや派手な色の服でも見事に着こなしてしまうのはさすがです。

ジュニアでも大きな大会ではバンケットが催されるので、選手たちはみんな10代前半から、こうしたパーティーの場にふさわしいおしゃれを学ぶことになります。男子はスーツですが、女子はワンピースや靴のほかに、パーティー用の小さなバッグを持つのがスタンダードです。

初めて参加したバンケットの思い出は2008年、ベラルーシ開催のジュニアグランプリシリーズ。ジュニアの大会にバンケットがあることを直前まで知らず、私は何もパーティーの準備をしていなかったのです。そこで、洋服は当時のコーチだった杉浦幸江先生に借り、靴だけは仕方がないので買いに行きました。右も左もわからないベラルーシの街で、必死で履ける靴を探したことは忘れられません。

パーティーは基本的には社交の場なので、海外の選手たちと仲良くなる機会でもあります。といっても、会話をするというよりも、みんなで写真を撮ってばっかり。語学が苦手でも、写真というコミュニケーションを通じて仲良くなれるのは大きいです。海外の選手は男女問わず、写真を撮るときには肩に手をまわしてきますし、久しぶりに会った選手同士はハグ！　選手たちがこうした国際的なコミュニケーションに慣れるのも、バンケットの場があるからだといえます。

2013年のグランプリシリーズ中国杯のバンケットでは、イタリアのカロリーナ・コストナー選手と隣同士の席で、いろいろな話をしました。カロリーナは優しくて、面倒見のいいお姉さんです。

2013年の全日本選手権のバンケットで、織田信成さんと。翌日のエキシビションで、引退を発表されたのが忘れられません。

中国のジジュン・リーさんとは、お互いに引退してもメールのやりとりをするくらいに仲良しです。2012年のNHK杯にて。

熱い応援が「美しい演技をしたい」という気持ちを支える

試合当日の公式練習のときに、ふと観客席に目をやると、たくさんの応援バナー（横断幕）が見えます。そのなかから、自分を応援してくれるバナーを見つけたとき、心が奮い立つような気持ちになります。ジュニア時代からずっと同じバナーを掲げて応援してくださっていた方もいて、「あ、また応援に来てくれている！」と、どこかホッとするような嬉しい気持ちにもなれました。

６分間練習の前、そして演技の前に自分の名前がコールされると、観客席から「ガンバ！」という力強い声援、大きな拍手の音が聞こえてきます。リンクに飛び出していく選手にとっては、本当に心強く感じられるものです。

演技中も、手拍子や拍手にどんなに励まされたことでしょう。ジャンプがうまくいったときはもちろん、ミスをしたときでも「頑張って！」という温かい声援があると、強い気持ちを取り戻すことができます。

中学１年生までは、こんなふうに戦う選手たちの姿を、フラワースケーターとして憧れのまなざしで見ていました。まさか数年後、自分がリンクの中央に立ち、お花や

ぬいぐるみを投げ込んでもらえるような選手になれるなんて。その瞬間の光景を、真っ白なリンクの中央から見ることができるのは世界でたったひとり、自分しかいません。選手にとって、これほど幸せな時間はないと思います。

　アイスショーでも、演技中の写真が飾られていたり、愛情たっぷりのメッセージが添えられていたり、工夫がいっぱいのスタンド花を送ってくださる方がたくさんいます。もちろん、プレゼントやファンレターの数々も、頑張ってきたスケーターにとっては、そのひとつひとつが勲章みたいなもの。過去に雑誌のインタビューで、もらうとうれしいプレゼントを聞かれて「入浴剤」と答えたときは、何年かかっても入りきれないくらい、たくさんの入浴剤をいただいたこともありました。

　フィギュアスケートをやっていてよかった――。

　選手たちが心からそう思うことができるのは、こんなふうに熱く応援してくださる方々のおかげです。だからこそみんな、「結果を出したい」という気持ちだけでなく、会場に足を運んでくださった方、テレビの向こうで観てくださっている方に「美しい演技を見せたい」という気持ちで試合に臨んでいます。そのために、今日も世界中のリンクで、選手たちは努力を積み重ねています。

アイスショーでファンの方にいただいたお花の数々。左下は、引退エキシビションにて。最後までたくさんのお花に彩られ、頑張ることができた現役生活でした。

おわりに

私の現役時代、すでに日本には世界のトップで活躍する選手が何人もいて、ソチ五輪代表を決める全日本選手権には、2万人に届くかという観客が集まりました。そんな場所で滑ることができたのは良い思い出です。また、五輪や世界選手権で金メダルを獲った選手たちと同じ大会に出て、表彰台で肩を並べたこともありました。本当に恵まれたスケート人生でした。

15年間、より大きな舞台で活躍することを夢見て、自分なりに精一杯やってきました。でも、改めて振り返ってみると、もっとできることがあったのではないかと思う部分もあります。

これからは、私が歩んできたスケート人生で得た気づきを後の世代に伝えていければと思っています。そしていつか、私が携わった選手が、自分が届かなかった舞台で活躍する姿を見ることが今の目標です。

夢は終わるのではなく、変わりながらずっと続くもの……。

私のスケート人生は、まだ夢の途中です。

今井 遥

©Akira Sawamoto

今井遥 Instagram (haruka_imai_831)
https://www.instagram.com/haruka_imai_831/

Profile

今井 遥 *Haruka Imai*

プロフィギュアスケーター
／フィギュアスケートコーチ

1993年8月31日生まれ、東京都出身。早稲田大学人間科学部卒業。

2002年、小学3年生（9歳）のときにフィギュアスケートを習い始める。

国際大会で活躍した選手としては競技の開始年齢が非常に遅かったにもかかわらず、2007年にはジュニア強化選手に選出される。

2008年には全日本ジュニア選手権で優勝。

シニアデビュー後はスピード感あふれるスケーティング、指先の動きにまでしなやかに感情を込めることのできる豊かな表現力、優美で可憐な演技がフィギュアファンを魅了。

2018年3月、現役を引退。現在は、プロフィギュアスケーター、フィギュアスケートコーチとして活躍すると同時に、フィギュアスケートの魅力を伝える活動にも力を入れており、メディア出演のほか、府中市スポーツタウン協働アドバイザーも務めている。

《主な戦績》
2008年　全日本ジュニア選手権優勝
2010年・2013年　オンドレイネペラ杯優勝
2011年　冬期アジア大会銀メダル、
　　　　全日本選手権4位
2012年　ネーベルホルン杯銅メダル、
　　　　ガルデナスプリング杯銀メダル
2013年　国体個人優勝
2014年　四大陸選手権4位
2015年　スケートカナダオータムクラシック
　　　　銀メダル
世界ランキング最高13位

Special thanks

東大和スケートセンター／新潟アサヒアレックスアイスアリーナ／伝井達（新潟県スケート連盟）／小久江照美（フラップス株式会社）／株式会社スタジオフェイク／有限会社テラモス／バリュースペース株式会社／メディサイエンス・エスポア株式会社／イル・ピアット・オチアイ／M&C SAATCHI TOKYO／SNIPS LIFE DESIGN／堤正利／府中市長高野律雄　（順不同敬称略）

協力	髙橋大輔 チャコット
写真掲載協力	浅田真央／大庭雅／織田信成／小塚崇彦／佐々木美帆／鈴木真梨／田中刑事／長洲未来／野添紘介／服部瑛貴／日野龍樹／村上佳菜子／サラ·オレイン／道上留美子／道家豊
カバー写真提供	毎日新聞社
カバー·本文写真提供	KASAI Keiko（Absolute Skating） 澤本晃
エクササイズ監修	近良明(こん整形外科クリニック・メディカルフィットネスKOSMI)
レシピ監修	石墨清美江(公認スポーツ栄養士)

Staff

ブックデザイン	釜内由紀江、五十嵐奈央子(GRiD)
イラスト	貴木まいこ
撮影	加藤麻希(P92～98、P115～119)
ヘアメイク	小笠原ゆか子(P92～98)
編集協力	泉川明代
校正	株式会社 聚珍社
制作協力	木﨑徹、木﨑純子(DAILY PLANETS21)
企画・編集	大沼聡子

振《ふ》り付《つ》け・衣装《いしょう》から身体《からだ》のつくり方《かた》まで
観戦力《かんせんりょく》が高《たか》まる！
フィギュアスケート「美《び》」のツボ

NDC 784

2018年12月17日　発行

著　者　　今井《いまい》　遥《はるか》
発行者　　小川雄一
発行所　　株式会社 誠文堂新光社
〒113-0033 東京都文京区本郷3-3-11
（編集）電話03-5805-7762
（販売）電話03-5800-5780
http://seibundo-shinkosha.net/
印　刷　　株式会社 大熊整美堂
製　本　　和光堂 株式会社

©2018,Haruka Imai
Printed in Japan　検印省略

本書記載の記事の無断転用を禁じます。
万一落丁・乱丁の場合はお取り替えいたします。

本書のコピー、スキャン、デジタル化などの無断複製は、著作権法上での例外を除き、禁じられています。本書を代行業者等の第三者に依頼してスキャンやデジタル化することは、たとえ個人や家庭内の利用であっても著作権法上認められません。

JCOPY 〈（一社）出版者著作権管理機構委託出版物〉
本書を無断で複製複写（コピー）することは、著作権法上での例外を除き、禁じられています。本書をコピーされる場合は、そのつど事前に、（一社）出版者著作権管理機構（電話03-5244-5088/FAX03-5244-5089/e-mail:info@jcopy.or.jp）の許諾を得てください。

ISBN978-4-416-71841-4